Bokma
Watermelon
LEPANTO
ECKES
EISKORN
FRAISE DES BOIS
CINZANO
ROSSO
Château du Breuil
CHANTRE

NONINO
grappa
Glenfiddich
Glenfiddich
AVERNA
SLIBOWITZ
TSANTALI
SAMOS
BOKMA
1800

DUMONTS KLEINES LEXIKON

APERITIFS & DIGESTIFS

Geschmack • Verwendung • Rezepte

Tobias Pehle & Team

Edition
DÖRFLER

Alle in diesem Buch enthaltenen Angaben, Rezepte etc. wurden von den Autoren nach bestem Wissen erstellt und von ihnen und dem Verlag mit größtmöglicher Sorgfalt überprüft. Gleichwohl sind inhaltliche Fehler nicht vollständig auszuschließen. Daher erfolgen die Angaben etc. ohne jegliche Verpflichtung oder Garantie des Verlags oder der Autoren. Eine Haftung der Autoren und des Verlags für Personen-, Sach- und Vermögensschäden ist ausgeschlossen.

Inhalt

CINZANO
1757
CINZANO
FRANCESCO CINZANO
CASA FONDATA NEL
1757

Aperitifs & Digestifs: Der pure Genuss

Zeit zum Geniessen

Es gibt nur wenige Wörter, die – ähnlich wie schöne Bilder – so viele positive Assoziationen wecken wie die Begriffe Aperitif und Digestif: Ruhe und Zeit, Entspannung und Vorfreude, Genuss und Gemeinsamkeit, Atmosphäre und Stil, Bewusstsein und Besonderes sowie – nicht zuletzt – ein kulinarisches Erlebnis: All das verbindet sich mit der Welt von Aperitifs und Digestifs.

Wer sich vor oder nach einem guten Essen mit dem Partner, mit Freunden oder der Familie ein passendes Getränk gönnt, nimmt immer auch eine kurze, genießerische Auszeit von der Hektik des Lebens: Man schenkt sich automatisch Zeit, wendet seine Sinne dem ausgesuchten Aperitif oder Digestif zu und erfreut sich an dem kleinen Luxus, etwas Besonderes zu trinken.

Ein Stück Kultur

Ein solcher Genuss hat dabei nichts gemein mit bloßem Trinken. Hier löscht man keinen Durst, geschweige denn, dass man die Sinne benebelt. Im Gegenteil: Ein bewusst gewählter Aperitif sensibilisiert die Geschmacksnerven und stimmt sie auf

die zu erwartenden kulinarischen Köstlichkeiten ein. Zudem rundet ein feinfühlig ausgesuchter Digestif jedes Mahl geschmacklich ab und setzt einen krönenden Schlusspunkt.

Der Genuss von Aperitifs und Digestifs ist so ein Stück kulinarischer Kultur. Wer ein Essen mit diesen Getränken rahmt, setzt ein deutliches Zeichen gegen hektisches Schlingen oder liebloses Fastfood. Denn Aperitifs und Digestifs werten jedes Essen auf und demonstrieren zugleich Geschmack und Stil.

Eine Frage des richtigen Masses

Der Alkohol in den Getränken führt dabei zu angenehmen, der Gesundheit nicht unbedingt abträglichen Nebenwirkungen – vorausgesetzt, man kippt die Aperitifs und Digestifs nicht men-

genweise in sich hinein. Natürlich sind vor allem die vielen hochprozentigen Spirituosen, die man vorzugsweise nach dem Essen genießt, als gefährlich anzusehen, wenn man sie ungezügelt und ungehemmt vertilgt. Aber dieses Trinkverhalten ist nicht mit dem zu vergleichen, worum es einem Genießer beim Griff zum Aperitif- oder Digestifglas geht. Er trinkt in der Regel ein, maximal zwei Gläschen seines ausgesuchten Getränks – und keinesfalls mehr. Denn schließlich steht hier nicht der Alkohol im Mittelpunkt, sondern der Geschmack.

Dass Aperitifs und Digestifs immer auch Alkohol enthalten, hat dabei seine ganz positiven Nebeneffekte. In den geringen Maßen, wie er hier zu sich genommen wird, regt der Alkohol vor dem Essen leicht die Sinne an und unterstreicht das Wohlbefinden. Nach dem Essen fördert er die Verdauung und mindert sogar ein eventuell vorhandenes Völlegefühl.

Immer zu geniessen

Einen Aperitif oder einen Digestif kann man dabei nicht nur zu einem besonderen Essen genießen. Natürlich sind vor allem die edlen Vertreter dieser Getränkegattungen unabdingbar mit einem feinen, mehrgängigen Menü verbunden. Das heißt aber noch lange nicht, dass man sie ausschließlich in Abendkleid oder Smoking trinken kann.

Gut für die Verdauung?

Ein Schnaps nach dem Essen bringt die Verdauung in Schwung – sagt der Volksmund, und hat damit zum Teil auch recht: Alkohol regt im Magen vor allem die Produktion des Verdauungsenzyms Pepsin an und erhöht die Sekretleistung der Bauchspeicheldrüse und der Galle. Gesundheitsexperten empfehlen vor allem Kräuterschnäpse, weil die darin enthaltenen Kräuter wie Kümmel, Bohnenkraut oder Fenchel sich zudem positiv auf die Verdauung auswirken. Andere Alkoholika hingegen sind der Verdauung eher hinderlich wie z.B. Weinbrände oder Whisky.

Im Gegenteil: Ein ganz einfaches Essen lässt sich mit einem ausgesuchten Getränk vorab oder im Anschluss bestens aufwerten. Viele Spirituosen befinden sich sogar mit besonders einfachen Gerichten in bester Gesellschaft. So passt zwar sicherlich ein alter Port als Aperitif oder ein milder Armagnac als Digestif nicht zu Bratwurst und Kartoffelsalat – ein Anisée vorab oder ein Aquavit zum Abschluss rahmen aber selbst solche Hausmannskost perfekt ein. So kann man sich mit Lust und Laune einen Aperitif bereits beim Kochen gönnen oder auch einen Digestif nach einem Picknick trinken.

ZU ALLEN ZEITEN BELIEBT

Und schaut man in die Geschichtsbücher, so gibt es schon überhaupt keinen Anlass, diese Getränkearten ausschließlich in die feine Küchenecke zu stellen. Der Grappa ist hierfür bester Beleg: Die letztlich aus dem Abfall der Weinproduktion, dem Trester, gebrannte Spirituose, die heute aus keinem Feinschmeckerlokal mehr fortzudenken ist, galt noch vor 50 Jahren als billiger „Bauernschnaps“.

Wann sich bestimmte Spirituosen als Aperitifs oder Digestifs eingebürgert haben, lässt sich meist nur schwer sagen. Die beiden Begriffe stammen aus der französischen Trinkkultur – die Getränkesitten aber als ursächlich typisch französisch zu sehen, griffe sicherlich zu kurz. In allen Ländern der Welt haben sich mit den vor Ort produzierten Bränden ganz eigene Trinkgewohnheiten entwickelt. Viele Spirituosen haben so ihre ganz eigene Geschichte, die zum Teil über 2000 Jahre alt ist.

Fremde Länder, fremde Sitten

Fest steht: So unterschiedlich die kulinarischen Kulturen rund um den Globus sind, so unterschiedlich sind auch die Trinksitten, vor allem was den Genuss von Aperitifs und Digestifs betrifft. Ein gutes Beispiel dafür ist der Champagner: Während man ihn in fast allen Teilen der Welt als in Stimmung bringenden Aperitif schätzt, krönt er in seinem Mutterland in der Regel ein opulentes Mahl: Die Franzosen genießen Champagner vorzugsweise nach dem Hauptgang.

Wie vielschichtig die Trinkansichten sein können, zeigt sich auch bei den absoluten Kennern: So empfiehlt sich beispielsweise der Portwein als ideale Ergänzung zu einem süßen Dessert. Eine ganze Reihe von Fachleuten hingegen steht dieser Kombination aber sehr skeptisch gegenüber. Sie befinden, dass das Dessert den Portweingeschmack verfälscht. Und so raten sie dazu, den Port für sich zu genießen; ein Rat, der vor allem bei guten, alten – und damit auch sehr teuren – Portweinen ganz bestimmt seine Berechtigung besitzt.

So lässt sich bei vielen Spirituosen keine klare Trennlinie zwischen Aperitif und Digestif ziehen. Eine eindeutige Zuordnung zu einer der beiden Getränkegattungen gibt es nicht immer. Für welche Trinkvariante man sich entscheidet, ist also nicht zuletzt auch immer eine Frage des ganz persönlichen Geschmacks.

Es muss nicht immer Kaviar sein

Für den gezielten, bewussten Genuss von Aperitifs und Digestifs benötigt man dabei keinen großen Geldbeutel. Sicher: Gourmets geraten vor und nach dem Essen besonders in Verzückung, wenn die gewählten Spirituosen erlesen und damit auch teuer sind. Aber auch mit bescheidenen Mitteln lässt sich eine gekonnt aufeinander abgestimmte Folge von einzelnen Gerichten und Getränken erzielen. Denn nicht alles, was gut ist, muss teuer sein. Und – fast noch wichtiger: Für den Genuss kommt es nicht allein auf die Qualität der Spirituose an, sondern vor allem auch auf die gekonnte Kombination mit den nachfolgenden oder zuvor gereichten Gerichten.

Wer beispielsweise an einem schönen Sommerabend seinen Freunden leichte mediterrane Küche anbietet, begrüßt die Gäste gekonnt und preiswert mit einem Gläschen trockenen italienischen Prosecco. Als eigentlicher Aperitif vor dem Essen empfehlen sich dann ein trockener Martini oder ein Aperol – beides Spirituosen, die man unter 10 Euro auch in Supermärkten erhält.

Der Kaffeegenuss nach dem Essen – stilvollerweise ein Espresso – lässt sich mit einem preiswerten Amaretto perfekt unterstreichen. Selbst wenn man einen Grappa offerieren möchte, muss der nicht gleich mit 40 oder 50 € zu Buche schlagen. Ein einfacher, aber durchaus guter Grappa wie beispielsweise ein Nardini ist auch für deutlich weniger zu bekommen.

Trotz dieser Beispiele muss man allerdings fairer Weise bemerken, dass vor allem bei Spirituosen Qualität in der Regel ihren Preis hat. Eine ganze Reihe von beliebten Aperitifs und Digestifs ist gar nicht erst preiswert zu bekommen, allen voran die großen französischen Klassiker wie Armagnac, Champagner oder Cognac.

Für viele Getränke gilt darüber hinaus: Wer zu billigen Flaschen greift, wirft sein Geld zum Fenster hinaus. Ob deutscher Weinbrand, italienischer Grappa oder schottischer Whisky: Billige Produkte minderer Qualität sind eher dazu geeignet, ein gutes Essen zu verderben als abzurunden. Eine ganze Reihe dieser Spirituosen ist sogar als schlicht ungenießbar einzustufen. Hier lohnt es sich also in der Regel, ein paar Euro mehr für eine einzelne gute Flasche auszugeben, als für das gleiche Geld mehrere Spirituosen von minderer Qualität zu kaufen.

Hinzu kommt, dass man vom Kauf einer guten und damit etwas teureren Spirituose langfristig profitieren kann: Ob teurer Cognac, Whisky oder Trester: Eine besondere Flasche trinkt man meist nur zu besonderen Anlässen; man hütet sie regelrecht, um sie bei passender Gelegenheit intensiv zu genießen. Dabei gilt es nicht, sich und den Gästen große Mengen einzuschenken, sondern – fast im wahrsten Sinne des Wortes – einen edlen Tropfen zu zelebrieren. Dann reichen Flaschen selbst bei größeren Genießerrunden für mehrere Zusammenkünfte. Allerdings bestätigen auch hier wieder Ausnahmen die Regel: Einige Flaschen eignen sich nicht, nach dem Öffnen länger aufbewahrt zu werden. Die meisten Sherrys beispielsweise sollten möglichst innerhalb weniger Tage getrunken werden.

Cocktails als Aperitif oder Digestif

Ob Rum oder Wodka, Gin oder Whisky: Viele Spirituosen laufen besonders dann zu Hochform auf, wenn man sie mit anderen mixt. Und so liegt natürlich die Versuchung nahe, den Appetit auch mit Cocktails anzuregen oder beliebte Getränkekombinationen direkt nach dem Essen zu reichen.

Doch dabei ist in der Regel Vorsicht geboten – und dies gleich aus mehreren Gründen: Die Verbindung unterschiedlicher Spirituosen entfaltet oft eine hohe Intensität – nicht nur in Bezug auf den Alkoholgehalt, sondern vor allem in Bezug auf den

Geschmack. Die meisten Cocktails sind so nicht geeignet, die Geschmacksnerven zu aktivieren oder gar den Geschmack von bestimmten Speisen zu unterstreichen – sie sind einfach zu dominant. So scheiden sie nicht nur als Aperitif aus, sondern auch als Digestif, da dieser ja den feinen Nachgeschmack eines delikaten Essens nicht gänzlich überdecken soll.

Hinzu kommt, dass ein zu hoher Alkoholgehalt vor dem Essen die Genussfähigkeit von leichteren Getränken – wie beispielsweise dem Wein – beeinträchtigt. Schließlich gilt es zu berücksichtigen, dass viele Cocktails eine stark sättigende Wirkung haben – man denke nur an die vielen Kombinationen mit Sahne oder Kokosmilch.

Gleichwohl gibt es natürlich eine ganze Reihe äußerst glücklicher Verbindungen, die par excellence dazu geeignet sind, ein feines Essen zu rahmen. Auf den Aperitif-Karten stehen rund um den Globus Kir Royal und Martini Dry ganz oben – und nach dem Essen empfehlen sich eine ganze Reihe einfacher Kombinationen von einer Basisspirituose und einem Likör – vor allem dann, wenn man die großen Digestif-Klassiker wie Weinbrand oder Whisky lieber leicht gesüßt genießen möchte. Schließlich dürfen die großen „Hot Drinks" nicht vergessen werden wie der Irish Coffee (Kaffee mit Whisky und leicht angeschlagener Sahne) oder der Italian Coffee (Espresso mit Brandy, Amaretto und angeschlagener Sahne).

Den eigenen Stil entdecken

James Bond nimmt seinen Martini immer nur gerührt. Winston Churchill trank nach dem Essen regelmäßig ein Gläschen alten Port. Und Sie? Welchen persönlichen Stil zeigen Sie beim Genuss von Aperitifs und Digestifs?

Die Frage, was man persönlich zum Essen bevorzugt, darf man ganz getrost sich selbst überlassen. Dieses Buch zeigt auf, welche vielfältigen Möglichkeiten jeder besitzt, ein Essen gekonnt zu rahmen. Vorschriften gibt es nicht – maximal kleine Empfehlungen.

Um seinen eigenen Stil auszubilden, braucht man allerdings ein bisschen Zeit – und auch ein wenig Mut Unbekanntes auszuprobieren. Eine Entdeckungsreise ins Reich der Aperitifs und Digestifs zu unternehmen, lohnt aber auf alle Fälle. Denn sie belohnt mit dem Genuss von vielen verschiedenen Geschmackswelten, die die eigene Trink- und Esskultur mannigfaltig bereichern.

Das richtige Glas

Das Auge trinkt mit

So wie zu einem festlichen Mahl ein schön gedeckter Tisch gehört, so ist der stilvolle Genuss eines Aperitifs oder Digestifs ohne ein schönes Glas undenkbar. Es unterstreicht den inneren Wert des Getränks, weckt die Vorfreude und bringt Aroma und Geschmack besonders zur Geltung.

Bei der Wahl eines Glases geht es also nicht allein darum, dass das Auge mittrinkt. Im Laufe der Jahrhunderte haben sich vielmehr bestimmte Gläser für spezielle Getränke durchgesetzt und sind – wie beispielsweise der Cognac-Schwenker oder das Sherry-Glas – ganz eng mit diesen verbunden.

Heute gibt es für fast jedes Getränk ein spezielles Glas – große Glashersteller bieten so beispielsweise Serien mit über 40 verschiedenen Varianten an. Hinzu kommt, dass man heute zu fast jeder Markenspirituose ein ganz spezielles Glas bekommt – und die Werbung suggeriert, dass der stilvolle Genuss ohne Spezialglas fast undenkbar ist.

Die wichtigsten Gläser

Doch das heißt noch lange nicht, dass man allein ein kleines Vermögen investieren muss, um zu jedem Getränk das passende Glas zur Hand zu haben. Perfekt ist eine Grundausstattung mit sieben verschiedenen Gläsern, aus denen man nahezu alle Aperitifs und Digestifs perfekt genießen kann:

- SEKTGLAS: Ob Prosecco, Sekt oder Champagner – bei den Sektgläsern hat man die Qual der Wahl zwischen dem nach unten spitz zulaufenden Kelch, der Flute mit länglicherem Fuß und dem Coupe, der klassischen Sektschale.

- SHERRYGLAS: Die langstieligen Gläser mit der kleinen tulpenförmigen Trinkform sind nicht nur beim Sherry erste Wahl, sondern auch bei einer Vielzahl anderer Aperitifs und Digestifs wie dem Port oder einem Likörwein.

- LIKÖRSCHALE: Ob Likör, Vermouth oder auch der klassische Aperitif-Cocktail Martini Dry – man genießt sie aus einer Likörschale mit langem Stiel. Dabei unterscheidet man zwischen kleinem und großem Likörglas – für die Glas-Grundausstattung ist eine große Likörschale völlig ausreichend.

- SCHWENKER: Das Aroma von edleren Branntweinen wie Cognac oder Armagnac lässt sich in einem großen Schwenker stilvoll genießen – obwohl Kenner in der Regel ein schmaleres Cognacglas – ähnlich einem Sherryglas – bevorzugen.

- SCHNAPSGLAS: Bei der großen Auswahl der Gläser, die es für diese Getränkegruppe gibt, fährt man mit einem hochstieligen, dünnwandigen Grappaglas am besten. Es eignet sich nicht nur für Tresterbrände, sondern beispielsweise auch für Obstdestillate. Wer allerdings das Glas auch ins Eisfach legen können möchte – beispielsweise für einen Aquavit – benötigt dickwandigere, widerstandsfähige Schnapsgläser.

- TUMBLER: Der klassische Whiskybecher ist gerade, breit und nur halbhoch. Normalerweise hat dieser Tumbler einen dicken, schweren Boden – viele Glashersteller bieten Tum-bler aber auch in einer eleganteren Variante mit kurzem Stiel an.

- LONGDRINKGLAS: Im Gegensatz zum Tumbler ist dieses gerade Glas nicht breit und niedrig, sondern schmal und hoch. Es eignet sich nicht nur für diverse Mixgetränke, sondern auch für nichtalkoholische Getränke wie Saft, Wasser oder Milch.

Trotz dieser Glas-Empfehlungen gilt allerdings: Woraus man Aperitifs und Digestifs trinkt, ist – wie bei der Wahl der Spirituosen selbst – letztlich eine Frage des eigenen Geschmacks oder des individuellen Stils. So muss man z.B. Vermouth nicht in der Likörschale servieren, sondern kann ihn auf einem Sommerfest auch in einem mediterranen Trinkpokal anbieten. Denn auch bei der Wahl des Glases gilt: Erlaubt ist, was gefällt.

CINZANO
IMETTO
CINZANO

Getränke von A bis Z

Aperitifs & Digestifs im Überblick

Die nachfolgenden Seiten geben einen Grundüberblick über die wichtigsten Aperitifs und Digestifs – oder besser gesagt, über die Welt der Getränke, die man vor oder nach einem Hauptgang genießen kann. Denn nicht jede der aufgeführten Spirituosen oder Getränkegattungen wird auf allen Getränkekarten rund um den Globus in derselben Kategorie geführt.

So sind beispielsweise die Creams, die dickflüssigen Liköre, weder den Aperitifs noch den Digestifs zuzuordnen. Gleichwohl finden sie hier Berücksichtigung, denn man kann sie bestens zu Desserts, Petit Fours oder dem Kaffee nach dem Essen zu sich nehmen.

Die berücksichtigten Getränke

Die Welt der Spirituosen ist so groß und vielseitig wie die Welt an sich. Alle Getränkearten und Spezialitäten aufzuführen, die rund um den Globus produziert werden, und die man regionaltypisch auch zum Essen genießt, würde hier den Rahmen sprengen.

Dieses Buch konzentriert sich deshalb auf die wichtigsten Getränke, die international gehandelt und getrunken werden. Hinzu kommen wesentliche europäische Spirituosen, wie beispielsweise der deutsche Korn oder der französische Marc, die man zwar nicht überall auf der Welt erhält, die in ihren Heimatländern und deren Nachbarschaft aber eine wesentliche Rolle spielen.

Die Zuordnung zu den Getränkegruppen

Bei einer ganzen Reihe von Spirituosen ist eine klare Zuordnung zu einer bestimmten Getränkegruppe nicht möglich. Der Amaretto zum Beispiel ist weder ein reinrassiger Frucht- noch ein ausgewiesener Kräuterlikör. Hier ist er unter den Fruchtlikören aufgeführt, weil der wichtigste Bestandteil bei der Produktion Mandeln sind, die Früchte des Mandelbaums also.

Die einzelnen Getränkegruppen sind so nur als grobe Orientierung zu verstehen. Wer nähere Informationen zu einem bestimmten Getränk oder einer Marke sucht, orientiert sich so am besten am Register ab Seite 294.

Die Info-Kästen

Zu allen Getränken gibt es einen kleinen Informationskasten in den Außenspalten. Das oberste Symbol gibt Auskunft darüber, ob sich das Getränk als Aperitif (dunklerer Pfeil links), als Digestif (dunklerer Pfeil rechts) oder sowohl als auch eignet (beide Pfeile dunkel).

Es folgt die empfohlene Trinktemperatur. Darunter gibt das Glassymbol eine Empfehlung, aus welcher Glasform das Getränk am besten zu genießen ist.

Die Münztürme geben eine Orientierung darüber, in welchen Preiskategorien das Getränk ungefähr anzusiedeln ist. Je höher die gelb eingefärbten Münztürme sind, desto teurer ist das Getränk. Jeder Höhenunterschied entspricht circa 10 Euro.

Absinth

Von der Droge zum Kultgetränk

Um kaum eine andere Spirituose ranken sich so viele Legenden wie um den Absinth. So soll sich beispielsweise Vincent van Gogh im Absinthrausch sein Ohr abgeschnitten haben.

Im 19. Jahrhundert war das hochprozentige Getränk (45 bis 75% vol Alkoholgehalt) besonders in Künstlerkreisen beliebt und galt zunächst als Droge der Pariser Bohème. Als der billige Industriealkohol den Branntwein verdrängte, entwickelte sich der Absinth sogar zu einer Art Volksdroge. Schließlich wurde er aber wegen seiner verheerenden Auswirkungen wie Abhängigkeit und Gesundheitsverfall zu Anfang des 20. Jahrhunderts in fast ganz Europa verboten.

Diese Auswirkungen waren hauptsächlich dem im Wermut-Kraut enthaltenen Neurotoxin Thujon zuzuschreiben. Aber keine Angst: Der seit 1998 in der EU wieder zugelassen Absinth ist eine entschärfte Version, wobei der Thujonanteil gesetzlich festgelegt ist (maximal 10 mg/kg bei über 25% vol Alkohol sind zugelassen). Seither feiert der Absinth sein großes Comeback und ist erneut zum Kult- und Modegetränk avanciert.

Absinth ist dabei eine Spirituose, die aus Wermut-, Anis-, Zitronenmelisse- und Fenchel-Auszügen hergestellt wird. Sie zählt aufgrund ihrer bitter schmeckenden Wermutauszüge zu den Bitterspirituosen.

Die grüne Fee

Angeblich soll den Absinth-Konsumenten im Rausch eine grüne Fee erscheinen, wodurch der Absinth zu seinem Spitznamen „Grüne Fee" gekommen ist. Oder ist es vielleicht doch nur die typische grüne Farbe des Absinths (durch seinen hohen Chlorophyllgehalt), die zu dieser Bezeichnung inspiriert?

Das Absinthlöffel-Zucker-Ritual

Wegen des bereits erwähnten hohen Alkoholgehalts wird Absinth in der Regel nicht pur getrunken, sondern meist mit eisgekühltem Wasser verdünnt – vorzugsweise nach dem Essen.

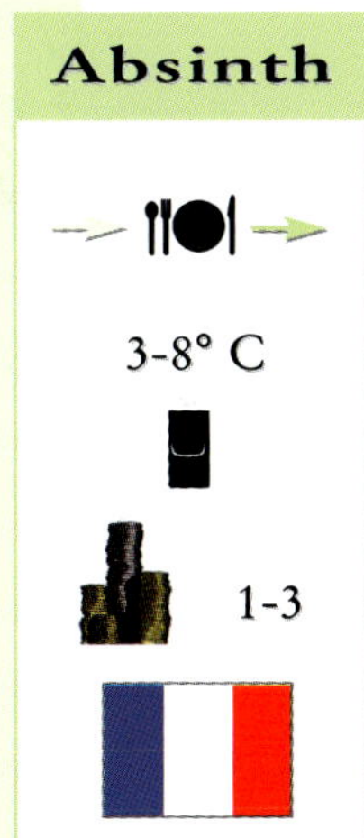

Im Verlauf der Geschichte haben sich verschiedene Trinkrituale herausgebildet, für die man einen speziellen Absinthlöffel braucht, der einem durchbrochenen Tortenheber ähnelt. Diesen legt man mit einem Zuckerstück auf ein stabiles und dickwandiges Glas, das mit ca. 2 cl Absinth gefüllt ist. Über den Zucker wird dann eiskaltes Wasser gegossen.

Alternativ kann man das Zuckerstück auch mit Alkohol tränken und dann anzünden. Man wartet, bis der Zucker karamelisiert und durch die Löffelritzen ins Glas tropft. Nachdem die Flamme erloschen ist, wird der restliche Zucker mit dem Absinth verrührt und nach Belieben kaltes Wasser zugefügt.

Anisées

Getränke mit langer Tradition

Kaum eine Spirituose kann auf eine so alte Tradition zurückblicken wie die Anisgetränke oder auch Anisées. So schätzten schon die alten Ägypter ca. 1500 v. Chr. die Wirkung von Anisgeist als gutes Heilmittel gegen Magen- und Darmbeschwerden.

Auch heute noch zählen die Anisées zu den wichtigsten Spirituosen, vor allem rund um das Mittelmeer. Die heilenden, aber auch appetitanregenden Eigenschaften der Getränke auf Anisbasis inspirierten dazu, dass jedes Volk seine eigene Version entwickelte. So enstanden in Frankreich der Pastis, in der Türkei der Raki und in Griechenland der Ouzo. Die Italiener nannten ihre Variante des Getränks Sambucca.

Aperitifs auf Basis von Sternanis

Anisgetränke werden auf Basis von Sternanis hergestellt, dessen ätherische Öle mit Zucker vergoren und destilliert werden. Danach setzt man neutralen Alkohol sowie Extrakte aus verschiedenen Kräutern und Pflanzen zu, zum Beispiel Melisse, Minze und Süßholz.

Sambuca
MOLINARI

Pastis

8-18° C

2-3

Raki

8-18° C

2-3

Allgemein lässt sich sagen, dass Anisgetränke gerne pur, verdünnt mit Eiswasser oder Eiswürfeln sowie schlicht nur mit kaltem Leitungswasser getrunken werden. Meist gelten sie als typische Aperitifs, wobei die Regeln in den Mittelmeerländern nicht allzu strikt sind. Mancherorts werden die Anisgetränke vor dem Hauptgang oder sogar erst danach getrunken.

Pastis

Pastis ist für manche ein Inbegriff für Süden, Strand und mediterranen Lebensstil. Viele wissen nicht, dass dieses französische Nationalgetränk letztendlich ein Nachfahre des Absinths ist. Nachdem dieser verboten wurde, gab es viele Versuche, Alternativgetränke zu entwickeln. Der Franzose Paul Ricard brachte schließlich im Jahr 1932 den Pastis auf den Markt: eine Spirituose aus Sternanis, Anis oder, Süßholz (Lakritz), weiteren Kräutern und neutralem Alkohol.

Normalerweise ist der Pastis bernsteinfarben und klar, er wird jedoch milchig weiß, wenn er mit Wasser gemischt wird. Er hat einen Alkoholgehalt von 40% vol. Bis heute ist Pastis eines der weltweit bekanntesten Anisgetränke und als Aperitif überall beliebt. Die Franzosen genießen ihn am liebsten mit Wasser gemischt. Die bekanntesten Pastis-Marken sind dabei Ricard und Pernod.

RAKI

Bereits im osmanischen Reich war Raki Nationalgetränk, und auch in der heutigen Türkei hat sich daran nichts geändert. Dort gehört er zu den beliebtesten und am meisten konsumierten alkoholischen Getränken. Auch im gesamten Mittelmeerraum fand der Raki weite Verbreitung und war die Grundlage für die Entwicklung ähnlicher Getränke wie zum Beispiel für den griechischen Ouzo.

DER „LOUCHE"-EFFEKT

Normalerweise ist ein Anisée bernsteinfarben und klar. Er wird jedoch milchig weiß, wenn man ihn mit Wasser mischt. Dieses Phänomen bezeichnet man als „Louche"-Effekt, nach dem französischen Wort für „undurchsichtig". Er entsteht, weil sich die im Anis enthaltenen ätherischen Öle zwar in Alkohol, nicht aber in Wasser lösen. Gibt man Wasser zu, sinkt der Alkoholgehal, und dadurch auch das Lösungsvermögen für die Öle. Es entsteht eine Emulsion aus winzigen Öltröpfchen, und durch die veränderte Lichtbrechung erscheint das Getränk nun weißlich-trüb. Den gleichen Effekt kann man übrigens auch beobachten, wenn man eine Flasche Anisée ins Gefrierfach legt. Bei tiefen Temperaturen ist das Lösungsvermögen des Alkohols geringer, und es tritt ebenfalls eine Öltröpfchenbildung auf.

Raki ist ein klarer Anisweinbrand aus vergorenen und getrockneten Weintrauben. Er wird meist zweifach gebrannt, wobei vor der zweiten Destillation Anis sowie andere Kräuter und Gewürze zugesetzt werden. Er hat einen Alkoholgehalt von etwa 40 bis 45% vol. Traditionell trinkt man den mit Wasser verdünnten Raki als Aperitif und zu Vorspeisen.

Ouzo

Der Ouzo ist sicher die bekannteste Spirituose Griechenlands und gehört für die meisten zu einem griechischen Essen genauso dazu wie Gyros oder Tzatziki. Die Griechen genießen ihr Nationalgetränk als Aperitif, aber auch während und nach dem Essen als Verdauungshilfe.

Ouzo entwickelte sich aus dem türkischen Raki, der schon seit dem 15. Jahrhundert von der griechischen Minderheit in Kleinasien gebrannt wurde. Nachdem die Griechen die Türkei im Jahre 1922 infolge des griechisch-türkischen Krieges verließen, wurde das Rezept von den Flüchtlingen mit ins Mutterland gebracht. Die ersten Kisten der Spirituose, die ins Ausland exportiert wurden, trugen die Aufschrift „Uso di Massilia" (das bedeutet so viel wie „Zum Gebrauch in Marseille"). Hierdurch ist vermutlich der Name Ouzo entstanden.

Ouzo wird aus Trester (d.h. aus der Maische, die bei der Weinherstellung nach dem Zerstampfen und Pressen von Weintrauben entsteht) gebrannt. Dem Destillat werden verschiedene Kräuter und Gewürze – vor allem natürlich Anis – zugesetzt, was für das typische Aroma sorgt. Ouzo hat einen Alkoholgehalt von etwa 40% vol. Man trinkt Ouzo gut gekühlt, sowohl pur, als auch mit Eiswürfeln oder mit Wasser verdünnt.

Ouzo

3-8° C

1-3

SAMBUCA

Der italienische Beitrag zur Gruppe der Anisgetränke ist der Sambuca. Was ihn jedoch von den anderen Spirituosen dieser Art unterscheidet, ist sein Hauptbestandteil, der Holunder. Sein Name leitet sich von dem lateinischen Wort „sambucus" ab, dem Gattungsnamen des Holunders.

Sambuca ist cin farbloser, klarer Likör mit einem Alkoholgehalt von 38–42% vol. Durch seinen hohen Anteil an Zucker ist er recht süß.

Man genießt den Sambuca meistens als Digestif in einem Schnapsglas zusammen mit gerösteten Kaffeebohnen. Diese zündet man an, wodurch der Sambuca sein ganzes Aroma entfaltet.

Sambuca

15-20° C

2

Aquavit

Richtung Norden immer geradeaus

So hieß es in einem Werbespot für Bommerlunder Aquavit in den siebziger Jahren. Und tatsächlich gehört der Aquavit zu den skandinavischen Ländern ganz so wie der Whisky zu Schottland oder Irland.

Ob in Dänemark, Schweden oder Norwegen: In allen skandinavischen Ländern gilt er als Nationalgetränk. Beliebt ist er allerdings überall auf der Welt, besonders als verdauungsfördernder Digestif.

Das Wasser des Lebens in Skandinavien

Der Name Aquavit stammt von der lateinischen Bezeichnung „aqua vitae“ ab, was „Wasser des Lebens“ bedeutet. In Dänemark wurde bereits um 1400 „Snaps“ gebrannt. Um dieses raue Gebräu trinkbar zu machen, setzten Apotheker heimische Gewürz- und Kräuterauszüge bei, vor allem Kümmel und Anis. Aber erst 1846 gab es in Aalborg einen Qualitätssprung, als der Schnapsbrenner Isidor Henius durch die Erfindung eines mehrstufigen Brennverfahrens, der Kolonnendestillation, den Grundstein für den heutigen Aquavit legte.

AALBORG AKVAVIT
AALBORG
Jubilæums Akvavit
DANISH DISTILLERS

Die Basis des Aquavits bildet reiner, fast geschmacksneutraler Alkohol aus Getreide oder Kartoffeln. Bei der zweiten Destillation kommen dann Kräuter und Gewürze wie Koriander, Fenchel, Zimt, Dill, Sternanis und Nelken hinzu. Der wichtigste Geschmack gebende Bestandteil ist allerdings der Kümmel.

Nach der zweiten Destillation wird der Aquavit mit Wasser auf Trinkstärke verdünnt. Sein Alkoholgehalt liegt dann zwischen 37,5 und 45% vol.

Zur Reifelagerung wird er in Edelstahltanks oder Holzfässer gefüllt. Für die Spitzenprodukte werden Sherry- oder Portweinfässer verwendet.

Zweimal über den Äquator

Laut einer Legende sollte ein Schoner im Jahr 1850 eine Schiffsladung Aquavit von Norwegen nach Australien befördern, aber als er ankam war der Empfänger bereits verstorben. Nun war guter Rat teuer. Der Kapitän nahm schließlich die Schiffsladung einfach wieder mit nach Norwegen zurück, ohne zu wissen, welch großen Dienst er damit der Nachwelt erwies. Denn nach der Reise war eine wundersame Wandlung eingetreten. Der zweimal über den Äquator – die Linie, wie die Norweger sagen – beförderte Aquavit schmeckte plötzlich feiner und sanfter als alle anderen. Dies war die Geburtsstunde des Linie Aquavit. Dieser reift noch heute auf Schiffen in Sherryfässern, denn die Fasslagerung bei ständiger Bewegung durch verschiedene Klimazonen kommt dem Geschmack zugute.

DIE VERSCHIEDENEN ARTEN DES AQUAVITS

Aquavit ist eine Gattungsbezeichnung. Der feine Unterschied der Marken ist im Detail zu finden. Abgesehen von der dominierenden Gewürznote haben auch Dauer und Art der Reifung Einfluss auf das Aroma. Wird er beispielsweise im Holzfass gelagert, nimmt der ansonsten glasklare Aquavit eine gelbliche bis hellgoldene Farbe an.

Entscheidend für die Qualität des Aquavits ist eine verlässliche Herkunftsbezeichnung, da der Brannt gesetzlich nicht geschützt und somit vor billigen Nachahmungen, die mit Kümmelessenz aromatisiert werden, nicht gefeit ist.

Gegen das reichhaltige Angebot an Aquavitsorten in skandinavischen Ländern wirkt das anderer Länder, wie zum Beispiel Deutschlands, eher überschaubar. In Skandinavien unterscheiden sich die verschiedenen Sorten in Alkoholgehalt, Art und Intensität der Kräuter sowie Gewürze oder sind wie Sommer- oder Weihnachtsaquavit nach der Jahreszeit ausgerichtet.

EIN TYPISCHER DIGESTIF

Der Aquavit ist ein typischer Digestif und wird gern nach einem guten und reichlichen Essen als verdauungsfördernder Abschluss getrunken. Dies ist nicht zuletzt auf seinen Hauptbestandteil, den Kümmel, zurückzuführen. Als einem der ältesten Gewürze und Heilmittel werden ihm seit jeher bei Krämpfen im

DIE DÄNEN UND IHR AQUAVIT

In Dänemark wird Aquavit praktisch zu allem getrunken. Hier ein typisches Beispiel in Form eines vielzitierten alten Wirtshausschildes. Darauf ist folgendes zu lesen: „Aquavit wird nur zu kräftigem Essen serviert. Alle Gerichte mit Ausnahme von Omelettes sind kräftig. In diesem Gasthaus werden Omelettes nicht zubereitet."

Magen- und Darmbereich, bei Leber- und Gallenbeschwerden sowie Appetitlosigkeit lindernde Kräfte zugeschrieben. Diese Eigenschaften werden dementsprechend auch auf den Aquavit übertragen, wobei der relativ hohe Alkoholgehalt als Lösungsmittel und Trägerstoff dient. Getrunken wird Aquavit pur, und zwar eisgekühlt, denn am besten entfaltet er sein volles Aroma bei einigen Graden unter Null. Deshalb sollte die Flasche im Gefrierfach des Kühlschranks oder in der Tiefkühltruhe gelagert werden. Platzen kann sie dabei nicht, da ein Aquavit erst bei etwa minus 25° Celsius gefriert.

Zum Trinken ist eine Glasform ideal, in der der Aquavit sein volles Aroma entfalten und außerdem die Kälte gut speichern kann. Dementsprechend ist das typische Aquavitglas langstielig, denn so werden die Hände nicht kalt und der Aquavit nicht warm. Das Glas sollte zudem kelchförmig sein, denn Aquavit wird nicht genippt, sondern in einem Schluck getrunken. Das gelingt am besten, wenn das Glas sich nach oben weitet. Die Kelchform sorgt außerdem für die Entfaltung des Aromas.

Die bekannten Marken

- AALBORG AQUAVIT: Der Aalborg Aquavit, der bereits seit 1846 hergestellt wird, ist die älteste Mar-ke des Hauses Aalborg. Er erhält das typische Kümmelaroma durch zugesetztes Würzdestillat und hat einen Alkoholgehalt von 45% vol. Beliebt ist auch der „Jubi“, der Aalborg Jubilaeums Aquavit, der 1946 zum einhundertsten Geburtstag von Aalborg Aquavit auf den Markt kam.

- BOMMERLUNDER: Das Rezept für diese deutsche Spezialität soll dem Gastwirt des „Krug von Bommerlund“ 1760 von einem französischen Offizier als Dank für Kost und Logis überlassen worden sein. Bommerlunder ist der meistgetrunkene deutsche Aquavit und hat einen Alkoholgehalt von 40% vol.

- LINIE AQUAVIT: Die „Linie“, wie sie liebevoll genannt wird, reift noch heute in Sherryfässern auf Schiffen, die von Oslo nach Sydney und zurück fahren. Die Reise durch verschiedene Klimazonen tut dem Aquavit gut und erhöht seine Qualität. Er hat einen Alkoholgehalt von 41,5% vol.

- MALTESERKREUZ AQUAVIT: Diesen Aquavit gibt es in Deutschland seit 1924. Das Malteserkreuz, das dänische Firmenzeichen, wurde dabei Markenzeichen und Markenname zugleich (Alkoholgehalt von 43% vol).

Armagnac

Der ältere Bruder des Cognacs

Die zwei größten französischen Weinbrände sind zweifellos der weltweit berühmte Cognac und der Armagnac, welcher zwar etwas weniger bekannt ist, aber auf eine ältere Tradition zurückblicken kann. Denn der Armagnac zählt zu den ältesten Spirituosen Frankreichs und wurde bereits im 15. Jahrhundert hergestellt. Die Produktion von Cognac dagegen begann erst im 17. Jahrhundert.

Obwohl der Armagnac in Bezug auf die Produktionsmenge und den Bekanntheitsgrad mit seinem jüngeren Bruder Cognac nicht ganz mithalten kann, hat er sich einen ebenbürtigen Spitzenplatz unter den edlen Qualitätsbranntweinen erobert. Denn es gibt wohl kaum eine andere französische Spirituose, mit der man den Anspruch eines individuellen Trinkgenusses besser zum Ausdruck bringen kann als mit einem Armagnac.

Aus der Heimat d'Artagnans

Die Heimat des Armagnacs liegt in der Gascogne, einem sonnenverwöhnten Landstrich im Südwesten Frankreichs, aus der auch d'Artagnan stammt, einer der vier Musketiere. Beide, so versichern die Marketing-Strategen der Armagnac-Hersteller, verkörpern gleichermaßen Kraft, Temperament und Lebensfreude.

Das Armagnac-Gebiet, das durch eine staatliche Verordnung von 1909 eng umrissen ist, umfasst ca. 100 km² Fläche und setzte sich aus Teilen der drei Departements Gers, Landes und Lotet-Garonne zusammen. Die drei wichtigsten Weinanbauzonen sind Bas-Armagnac, Ténarèze und Haut-Armagnac.

Den Armagnac in die Wiege gelegt

Eine weitere Berühmtheit aus der Gascogne war Heinrich IV. von Frankreich, dem man nachsagte, er wünsche jedem seiner Bürger sonntags ein Huhn im Topf. Desweiteren sollen seine Lippen direkt nach seiner Geburt mit einer Knoblauchzehe berührt sowie mit Jurancon-Wein und mit einigen Tropfen Armagnac befeuchtet worden sein.

Diese drei Anbaugebiete unterscheiden sich durch strukturelle und geologische Charakteristika, wobei der Boden von besonderer Bedeutung für die Qualität des Armagnacs ist. Die besten Trauben wachsen beispielsweise auf den Sandböden im Gebiet Bas-Armagnac.

Aufwändige Destillation

Die Herstellung des Armagnacs, von der Pflanzung der Rebstöcke bis hin zur Abfüllung in Flaschen, ist sehr langwierig. Ausgangsprodukt für den edlen Brannt sind Weine aus den Rebsorten Folle Blanche, Saint Émilion, Colombard, Jurancon und Baco 22 A. Bei der Auswahl der Trauben werden allerhöchste Anforderungen an Reife und Blumigkeit gestellt. Daher sind Armagnacs besonders feine und bouquetreiche Brände.

Bei der Destillation besteht der wichtigste Unterschied zum Cognac darin, dass Armagnac nur einmal gebrannt wird, und zwar in fortlaufender Destillation, während Cognac zweimal destilliert wird. Dieses schonende Brennverfahren sorgt dafür, dass besonders viele Duft- und Geschmacksstoffe erhalten bleiben. Nach dem Brennen hat das farblose Destillat einen Alkoholgehalt von ca. 52 bis 53% vol.

Reifen im Eichenfass

Von entscheidender Bedeutung ist auch die Lagerung. Die Reifung des Armagnacs vollzieht sich in Fässern aus dem Holz der Gascogner Eichen. Dieses Holz ist dunker als das der Eiche, aus der die Cognac-Fässer hergestellt werden.

Dies bewirkt, dass der Armagnac schneller und intensiver Farbe annimmt, dafür aber auch länger lagern muss, damit sich die bitteren Geschmackselemente verflüchtigen. Trotzdem ist der hellgoldene Armagnac nicht so mild wie Cognac, sondern hat zumeist ein eher herbes, unverwechselbares Bouquet. Dennoch ist er rund im Geschmack.

Die Lagerzeit beträgt mindestens zwei und höchstens 40 Jahre, wobei die ersten fünf Jahre kontrolliert werden. Schließlich wird der Armagnac mit destilliertem Wasser auf eine Trinkstärke von ca. 40% gebracht. Der Reifeprozess des Armagnacs endet mit der Abfüllung. Danach verändert er sich nicht mehr.

KONTROLLIERT UND GESCHÜTZT

Rebstöcke, Weinbereitung, Destillation, Alterung und auch Transporte unterliegen strengen Bestimmungen und Kontrollen der französischen Behörden und des Bureau National Interprofessionnel de l'Armagnac (BNIA).

Der Name „Armagnac“ ist international geschützt. Jeder behördlich geprüfte Armagnac erhält einen Begleitschein: das „Acquit jaune d'or“.

Diese Kontrollen werden außerdem durch das jeweilige Flaschen-Etikett und die darauf stehenden Bezeichnungen sichtbar. Steht beispielsweise „Bas-Armagnac“ auf einer Flasche, darf der Armagnac nur erstklassige Weine aus dieser Region enthalten und keinen Verschnitt aus anderen Gebieten. Die Kennzeichnung „Appellation Armagnac“ bedeutet hingegen, dass der Armagnac aus Bränden von Ténarèze und dem Haut-Armagnac oder allen drei Regionen bestehen kann.

Die Klassifizierungen

Die Etiketten geben auch Auskunft über die Lagerzeit. Dabei gilt es die folgenden Klassifizierungen zu unterscheiden, die auch maßgeblichen Einfluss auf den Preis haben:

- V.S. (Very Speciale), Sélection, De Luxe: mindestens drei Jahre gelagert.

- SUPERIEUR, Premièr Choix, Grande Selection: mindestens vier Jahre gelagert.

- V.O. (Very Old), V.S.O.P. (Very Superior Old Pale), Réserve, Grande Fine: mindestens fünf Jahre gelagert.

- EXTRA, Napoléon, Vieille Réserve, Hors d' Age, X.O. (Extremly Old): über fünf Jahre gelagert.

STILVOLLER GENUSS IM SCHWENKER

Wie auch der Cognac ist Armagnac ein klassischer Digestif. Aufgrund seines relativ hohen Alkoholgehalts ist er besonders gut dazu geeignet, die Verdauung zu unterstützen. Nach einem guten Essen wird Armagnac mit seinem einzigartigen Bouquet zu einem wahren Geschmackserlebnis.

Armagnac

15-20° C

3–5

Die ideale Trinktemperatur für Armagnac liegt dabei zwischen 15 und 20° Celsius, also bei Zimmertemperatur. Servieren sollte man die edle Spirituose in einem Cognacglas, also einem bauchigen Glas mit Fuß.

Die bauchige Form unterstützt die Entfaltung des Aromas. Außerdem ist diese Form auch ideal, um das Bouquet des Armagnac mit der Nase stilvoll einzufangen.

Die vielseitigen und feinen Duftnoten kommen am besten zur Geltung, wenn man vor dem Trinkgenuss den Armagnac durch ruhige und sanfte Handbewegungen in dem Schwenker bewegt. Dabei umfasst man das Glas mit der gesamten Handfläche von unten, was gleichzeitig eine leichte Erwärmung des Glases bewirkt.

VIELE KLEINE HERSTELLER

Armagnac wird von vielen kleineren Herstellern angeboten – hier gibt es recht viel zu entdecken. Anders als beispielsweise beim Cognac gibt es hingegen nur wenige Marken, die über ein weltweit gut organisiertes Vertriebsnetz verfügen.

CLÉS DES DUCS: Der Clés des Ducs wird in Panjas, im Herzen des Bas-Armagnac, hergestellt und vom Sitz der Firma Izarra in Bayonne in zahlreiche Länder verschifft. Man lagert das Destillat in 400-Liter-Eichenfässern, wobei es seine schöne Bernsteinfarbe annimmt. Beliebt ist vor allem der weiche und runde V.S.O.P. aus vier bis zwölf Jahre alten Destillaten. Der Grande Réserve ist über fünf Jahre alt, der Extra Grande Réserve enthält als Spitzendestillat nur über 21 Jahre alten Armagnac.

JANNEAU: Das Haus besteht schon seit Mitte des 19. Jahrhunderts und gehört zu den ältesten in der Armagnac-Region. Bekannte Marken sind: Tradition – Grand Armagnac: im Durchschnitt mindestens fünf Jahre gereift; V.S.O.P. – Grand Armagnac: im Durchschnitt 15 Jahre gelagert; Très Vieille Réserve Grande Fine Armagnac: Spitzendestillate, die mindestens 30 Jahre gereift sind.

SAMALENS: Das Unternehmen wurde 1882 von Jean Samalens in Laujuzan, im Herzen von Bas-Armagnac, gegründet. Bekannte Marken des Traditionshauses sind Hors d'Age, zehn Jahre und länger gelagert; V.S.O.P: sieben bis acht Jahre gereift mit heller, goldgelber Farbe und der Reserve Imperial X.O.: zehn bis 15 Jahre gereift.

LIQUORI E APERITIVI
FRATELLI BARBIERI
APEROL
DAL 1919
Aperitivo
ITALIANO
11% VOL

Bitters

Bitterliköre und -spirituosen

Bitterspirituosen ist der Oberbegriff für eine ganze Reihe verschiedener Spirituosen mit bitterem Geschmack. Dazu zählen unter anderem Bitter-Wein-Aperitifs, Bitterliköre sowie Wurzel- oder Kräuter-Schnäpse.

Dabei lässt sich allerdings nicht immer genau sagen, ob ein Getränk als Bitter oder als Kräuterspirituose (siehe auch S. 170) einzustufen ist. Die Übergänge sind fließend, und selbst die Hersteller geben oft keine eindeutige Empfehlung oder führen ihre Getränke sogar unter beiden Oberbegriffen.

Gemeinsam ist allerdings all diesen „Bitters“, wie diese Spirituosen in der Fachsprache auch genannt werden, der herbbittere Geschmack und die immer wieder gern behauptete Heilwirkung für den Magen.

Heilende Wirkung?

Wie so viele alkoholische Getränke haben nämlich auch die bitteren Spirituosen ihren Ursprung in der Medizin. Sie wurden von Ärzten oder Apothekern hergestellt, um Verdauungs- oder Magenbeschwerden zu lindern. Bald jedoch wurde die schmackhafte „Medizin“ so beliebt, dass sie auch ihren Einzug in die Trinkkultur ihrer Heimatländer fand – angeblich vor allem auch zur Vorbeugung von Beschwerden.

Heutzutage gelten die Bitterspirituosen natürlich nicht mehr als Medizin. Daher sind Hinweise auf eine heilende oder vorbeugende Wirkung auf Flaschenetiketten oder in der Werbung nicht erlaubt.

Die Hersteller dürfen lediglich auf die verdauungsfördernde, appetitanregende und bekömmliche Wirkung der Bitterspirituosen hinweisen, was beispielsweise die Bezeichnungen Magenbitter oder Magenlikör rechtfertigt.

VIELFÄLTIGE GETRÄNKE

Im Allgemeinen kann man sagen, dass Bitterspirituosen alkoholische Getränke sind, die auf Grund- und Aromastoffen basieren, denen zum Teil bei der Herstellung Zucker beigemengt wird.

Der Mindestalkoholgehalt muss bei 15% vol liegen, er wird in der Praxis jedoch weit überschritten und liegt oft bei 35 bis 40% vol.

Der Unterschied zwischen Bitters und Bitterlikören liegt im Zuckergehalt. Der süßere Bitterlikör muss mindestens 100 g Zucker pro Liter enthalten.

Die teilweise sehr großen geschmacklichen Unterschiede zwischen den verschiedenen Bitterspirituosen sind nicht verwunderlich, wenn man bedenkt, aus welcher Vielfalt an Grundstoffen die Hersteller wählen können.

Aromatische Ausgangsstoffe sind beispielsweise Kräuter, Samen, Fruchtschalen, Wurzeln, Rinden, Hölzer oder Gewürze. Indem man die vielfältigen Stoffe in unterschiedlichen Dosierungen und Mengen zusammenstellt, ergeben sich immer neue Kombinationen und Geschmacksvarianten.

VERSCHIEDENE HERSTELLUNGSVERFAHREN

Doch damit nicht genug: Um den Grundstoffen ihre aromatischen Bestandteile zu entziehen, können die Hersteller zudem zwischen verschiedenen Verfahren wählen, die direkte Auswirkung auf den Geschmack haben: Mazeration oder auch Kaltauszug, Digestion, Perkolation und Destillation.

- MAZERATION: Bei der Mazeration werden die Bestandteile mit Neutralalkohol angesetzt. Während einer mehrwöchigen Extraktion sättigt der Alkohol sich mit den Aroma- und Extraktstoffen.

- DIGESTION: Bei diesem Verfahren erhitzt man den mit Zutaten angereicherten Neutralalkohol. Das hat den Vorteil, dass sich die Aromastoffe schneller lösen als bei der Mazeration.

- PERKOLATION: Bei dieser Herstellungsvariante zerkleinert man zunächst die Grundstoffe. Dann werden sie in einem speziellen Behälter, dem so genannten Perkolator, ständig von oben mit einer Alkohol-Wasser-Mischung übergossen. Die Flüssigkeit fließt langsam ohne Wärmeeinwirkung nach unten aus dem Gefäß, wobei sich der Alkohol mit den Extraktstoffen sättigt.

- DESTILLATION: Bei der Destillation schließlich werden die Ausgangsstoffe mit Alkohol destilliert. Dazu verdampft man den mit Aromastoffen angereicherten Alkohol. Der Dampf wird dann abgekühlt und das so entstehende Kondensat aufgefangen. Die gewonnene Flüssigkeit weist einen viel höheren Alkoholgehalt auf.

APERITIF ODER DIGESTIF?

Die Vielfalt an verschiedenen Bitterspirituosen macht es unmöglich, allgemein festzulegen, ob man die Bitters vor oder nach dem Essen genießen sollte. Es gibt sowohl klassische Aperitif-Bitters, wie Campari, Aperol oder Cynar, als auch die bekannten Magenbitter, die zu den Digestifs zählen.

Je nach geschmacklicher Intensität genießt man die Bitterspirituosen nicht immer nur pur. Viele von ihnen sind auch als Longdrinks beliebt: Man verdünnt sie mit Soda, Schaumwein oder Saft und serviert sie auf Eis. Zudem sind viele Bitters wichtiger Bestandteil von gängigen Cocktails und dürfen so in keiner Bar fehlen.

ANGOSTURA

Angostura ist einer der bekanntesten Würzbitters. Die rotbraune Spirituose wird unter anderem aus Pomeranzenschalen, Chinarinde, Enzianwurzeln, Angelikawurzeln, Gewürznelken, Muskatblüte, Kardamon, Galgant und Zimt gewonnen. Sein Alkoholgehalt liegt bei etwa 40 bis 48% vol.

Schon allein auf Grund seines hohen Alkoholgehalts ist der Angostura kein eigenständiges Getränk. Er ist zu konzentriert, um ihn pur zu trinken. Statt dessen kann man ihn als Longdrink, mit Tonic Water oder Soda verdünnt, servieren. Außerdem wird er als Aperitifgrundlage verwendet und ist als Würzbitter unerlässlich zur geschmacklichen Abrundung verschiedener Cocktails, zum Beispiel des berühmten Manhattan.

APEROL

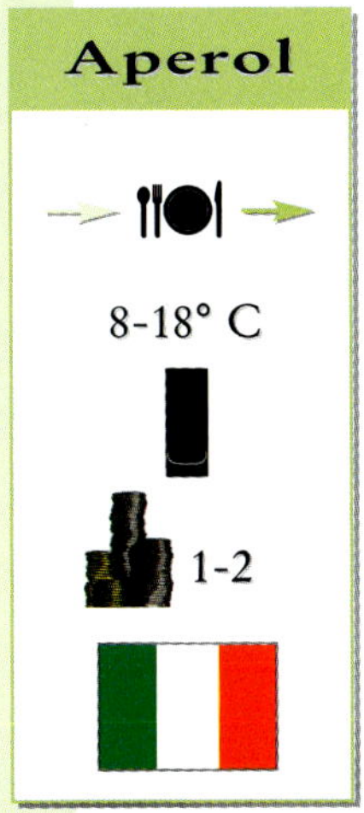

Aperol ist ein leichter italienischer Bitter von leuchtend orangeroter Farbe und fruchtigem, nur leicht bitterem Geschmack. Er wird aus Enzian, Rhabarber, Orangenauszügen, aromatischen Kräutern und natürlichen Farbstoffen hergestellt.

Aperol kommt aus Padua, wo er 1919 von dem kleinen Familienunternehmen Barbieri als Antwort auf die steigende

Popularität von Aperitifs in Frankreich entwickelt wurde.

Mit seinem geringen Alkoholgehalt von etwa 11% vol bildet er eine Ausnahme unter den Bitterspirituosen, für die normalerweise ein Mindestalkoholgehalt von 15% vol vorgeschrieben ist. Diese besondere Eigenschaft macht den Aperol weltweit so beliebt und prädestiniert ihn geradezu für den Genuss als Aperitif. Man serviert ihn gerne pur, mit Eiswürfeln, mit Soda oder aufgefüllt mit Schaumweinen.

Averna

8-18° C

1-3

AVERNA

Averna ist ein italienischer Bitterlikör, der auch unter dem Namen Amaro Siciliano bekannt ist.

Er wird seit vier Generationen von der Familie Averna in Sizilien hergestellt und gehört nicht nur in Italien zu den beliebtesten Spirituosen. Die streng geheime Rezeptur setzt sich aus Kräuterauszügen und Süßholzextrakten zusammen. Averna hat einen Alkoholgehalt von 32% vol.

Besonders bekannt ist der Averna als Digestif. Man genießt ihn pur, auf Eis oder mit einem Spritzer Zitrone.

CAMPARI

Campari zählt ohne Zweifel zu den bekanntesten italienischen Bitterlikören und genießt als klassischer Aperitif Weltruf. Seine geheime Rezeptur besteht aus 86 verschiedenen Kräutern mit Auszügen aus Schalen von Bitterorangen. Seine typische rubinrote Farbe wird durch einen natürlichen Farbstoff erzeugt, der von einer Läuseart gewonnen wird.

ENTSTANDEN AUS DER NOT

Campari trägt den Namen seines Schöpfers, dem Gastwirt und Destillateur Caspare Davide Campari. Nachdem dieser Mitte des 19. Jahrhunderts 15 Jahre lang als Lehrling, Kellner und Branntweinbrenner in Turin gearbeitet hatte, ließ er sich in Novara nieder, wo er eine kleine Bar eröffnete. Da diese aber nicht besonders gut lief, verlegte er sich aus der Not heraus 1860 auf das Brennen von Spirituosen, unter anderem seines „Rosa Campari".

Im Jahr 1862 siedelte er mit seiner Familie nach Mailand um, wo er noch im selben Jahr einen völlig neuartigen Aperitif-Bitter kreierte, den heute so weltberühmten Campari.

Die Popularität dieses aromatischen Kräuterlikörs wuchs rasch. Doch erst Caspares Sohn Davide baute die väterliche Firma zu einem modernen Industriebetrieb mit weltweitem Vertrieb aus.

Die Erfolgsgeschichte des Camparis setzt sich bis in die heutige Zeit fort. Weltweit steht die Marke für einen einzigartigen Aperitif-Genuss.

Der Bitterlikör weist einen Alkoholgehalt von ca. 25% vol auf. Er eignet sich hervorragend zum Mixen und Würzen von Cocktails. Besonders beliebt ist er allerdings in der Longdrink-Variante mit Soda oder Orangensaft – als klassischer Aperitif eben.

Campari

3-8° C

1-3

Grundsätzlich schmeckt Campari immer kühl am besten. Man bewahrt ihn im Kühlschrank auf und serviert ihn on the rocks. Als Dekoration oder Beigabe eignen sich besonders Orangenstücke oder -schalen.

CAMPARI SODA

Als die Mischung Campari-Soda Anfang der dreißiger Jahre immer beliebter wurde, brachte das Unternehmen 1932 den Campari Soda fertig gemixt auf den Markt. Damit war er eines der ersten fertigen Mixgetränke der Welt. Er ist bis heute in der typischen kegelförmigen 100 ml-Flasche erhältlich, die von dem Künstler De Pero entworfen wurde.

CYNAR

Cynar ist ein italienischer Kräuterlikör von rötlich-brauner Farbe mit leicht bitterem, herb-süßem Geschmack. Geprägt wird dieser von Artischockenblättern und diversen Kräutern. Mit seinen 16,5% vol Alkohol zählt er zu den eher leichteren Spirituosen.

Sein Name leitet sich von dem lateinischen Wort für Artischocke „Cynara scolymus“ ab. Einerseits haben Artischocken durch die in ihnen enthaltenen Bitterstoffe eine appetitfördernde Wirkung, was den Cynar zu einem idealen Aperitif macht. Andererseits werden der Artischocke auch ein wohltuender Effekt auf die Leber und eine verdauungsfördernde Wirkung zugeschrieben. So wird Cynar besonders in seinem Heimatland Italien auch gerne als Digestif serviert.

Cynar schmeckt pur, sollte allerdings gut gekühlt serviert werden. Viele Genießer trinken ihn aber auch auf Eis on the rocks. Zudem eignet er sich hervorragend als Longdrink, beispielsweise mit etwas Soda und einer Zitronen- oder Orangenspalte oder mit Cola, Tonicwater oder Bitter Lemon.

Cynar

3-8° C

1-3

Fernet

3-8° C

1-3

FERNET BRANCA

Der „Fernet“, wie seine Liebhaber ihn kurz nennen, gehört zu den weltweit bekanntesten Kräuterbitterlikören. Als klassisches Beispiel für einen Magenbitter wird er aus rund 40 Heilkräutern und aromatischen Pflanzen gewonnen. Diese Eigenschaft und sein Alkoholgehalt von etwa 42% vol machen ihn zu einem typischen Digestif.

Benannt wurde Fernet Branca nach dem italienischen Arzt Dr. Fernet, der den Bitterlikör Mitte des 19. Jahrhunderts erfand.

Seit 1845 wird Fernet Branca nach einem streng geheimen Familienrezept der Fratelli Branca Distillerie S.r.L. in Mailand hergestellt. Über ein Jahr lang reift er in handgefertigten Eichenholzfässern und wird erst danach in Flaschen abgefüllt.

Man trinkt Fernet Branca pur oder auf Eis. Auch in Heißgetränken wie Kaffee und Espresso ist er beliebt. Weiterhin eignet er sich zum Mixen, zum Beispiel mit Cola, Bier oder Energy-Drinks.

GAMMEL DANSK

„Gammel Dansk Bitter Dram“ stammt aus Dänemark, wo er neben dem Aquavit zu den Nationalgetränken zählt. Der Name des weltberühmten „Gammel Dansk Bitter Dram“ bedeutet übersetzt soviel wie „Alter dänischer Bittertrunk“.

Gammel Dansk

10-20° C

1-3

Ursprünglich kommt diese Spirituose aus Dalby, nahe Roskilde, von der dänischen Hauptinsel Seeland. Das besonders aromatische Getränk wird aus Gewürzen, Früchten und Kräutern aus fast allen Kontinenten dieser Welt gewonnen, wie zum Beispiel Sternanis, Ingwer, Wermut und Beeren. Der Gammel Dansk hat dabei einen Alkoholgehalt von etwa 38% vol.

Die Flasche ist traditionell mit einem Naturkorken verschlossen, was die typische Aroma-Note in der Flasche bewahren soll.

Nach dänischer Tradition passt der Gammel Dansk zum Frühstück und zum Mittagessen genauso gut wie zum Kaffee. Man trinkt ihn aber auch am Abend oder einfach zwischen-

Underberg

8-20° C

1-3

durch. Außerhalb seines Landes aber genießt man diesen Bitter vorzugsweise nach einer reichhaltigen Mahlzeit als bekömmlichen Digestif. Serviert wird er bei Zimmertemperatur.

Underberg

Underberg ist der wohl beliebteste Magenbitter in Deutschland. Er ist von rotbrauner Farbe und hat einen Alkoholgehalt von 44% vol.

Wie bei allen bekannten Bitterlikören ist auch hier die Rezeptur streng geheim. Bekannt ist lediglich, dass Underberg aus vielen verschiedenen Kräutern hergestellt wird, die aus 43 Ländern stammen. Wie daraus der wohlschmeckende Extrakt gewonnen wird, ist ebenfalls geheim. Die Bitterspirituose reift mehrere Monate in Eichenfässern.

Erfunden wurde der Underberg 1846 von Hubert Underberg in Rheinberg am Niederrhein. Auch heute noch sind das genaue Rezept sowie die Produktion im Besitz der Familie Underberg.

Der Underberg gilt als Magenbitter und ist damit ein idealer Digestif. Nach dem Essen soll er die Verdauung fördern. Die Trinktemperatur kann je nach persönlichem Geschmack zwischen 8° und 20° C liegen; als ideal gelten 15–18° C.

UNICUM

Unicum ist ein brauner, recht starker, bitterer Kräuterlikör, der aus über 40 verschiedenen Heilpflanzen hergestellt wird. Er stammt aus Budapest und wurde im Jahr 1790 von Dr. Joseph Zwack für den österreich-ungarischen Kaiser entwickelt.

Bis heute hütet die Familie Zwack das Geheimnis seiner Herstellung. Bekannt ist, dass der Kräuter-Bitterlikör ausschließlich aus natürlichen Inhaltsstoffen besteht und über längere Zeit in Eichenholzfässern reift.

Unicum ist ein Likör von angenehm bittersüßem Geschmack mit exotischem Aroma. Mit seinem recht hohen Alkoholgehalt von etwa 40% vol wird er gern nach dem Essen als wohltuender und angenehmer Digestif genossen. Zudem ist er auch als geschmacksbestimmender Bestandteil verschiedener Cocktails beliebt.

DIE LEGENDE VOM NAMENSGEBER

Nachdem der Habsburger Kaiser Joseph II. zum ersten Mal den neuen Bitter seines Leibarztes Dr. Zwack gekostet hatte, soll er gerufen haben: „Das ist ein Unicum!“ Auf diese Weise kam das Getränk zu seinem Namen.

Unicum

8-20° C

1-3

Brandy

WEINBRAND INTERNATIONAL

Brandy ist das englische Wort für Weinbrand – und die international übliche Gattungsbezeichnung für Weinbrände, die nicht aus Frankreich (Cognac & Armagnac, siehe Seite 100 und 46) oder Deutschland (Weinbrand, siehe Seite 256) stammen. Denn letztlich wird überall auf der Welt, wo man Wein anbaut, dieser auch in irgendeiner Destillerie zu einer Spirituose gebrannt.

Wenn man aber hierzulande vom Brandy spricht, dann bezieht sich dies in der Regel auf Brände, die aus dem Mittelmeerraum stammen. Die bekanntesten Brandy-Marken kommen aus Spanien und Italien, aber auch in Griechenland versteht man sich auf die Kunst, aus Wein hochprozentige Spirituosen zu destillieren.

BRANDY AUS SPANIEN

Feuer auf der Zunge, Samt in der Kehle und Wärme im Magen – so beschreiben die Liebhaber des Brandys ihren bevorzugten Digestif. Und mit diesen Attributen hat es der Brandy geschafft, neben dem Sherry zur weltweit begehrten, zweiten großen Spirituose Spaniens zu avancieren.

Wie beim Sherry schlägt das Herz der spanischen Brandy-Produktion in Andalusien. Hier beginnt auch die Geschichte des spanischen Branntweins. Mit den Mauren kam Anfang des 8. Jahrhunderts die Kunst der Destillation auf die iberische Halbinsel.

Die Geschichte des Brandys entwickelte sich aber erst mehrere hundert Jahre später, als der spanische Weinhandel mit den Holländern und Briten begann. Ab dem 18. Jahrhundert war die spanische Variante des Cognacs bereits europaweit beliebt.

Bei der Entwicklung und Herstellung des spanischen Brandys treffen drei Glücksfälle aufeinander: Die hervorragenden Reben, das Klima und die große Erfahrung, die man bei der Produktion des Sherrys gesammelt hat. So wundert es nicht, dass viele große Brandy-Produzenten auch in der Sherry-Welt zu Hause sind.

LAGERUNG IM SOLERA-VERFAHREN

Der Geschmack der Brandys wird – wie beim Cognac oder Weinbrand – ganz wesentlich vom Verschnitt, also dem Mischen verschiedener Destillate geprägt. Hier arbeiten die Brandy-Produzenten unter anderem mit dem beim Sherry üblichen Solera-Verfahren (siehe auch S. 232ff) und erreichen so ihre ganz eigene Geschmacksnote.

Ein weiterer Vorteil ist, dass die meisten Brandys in Sherry-Fässern reifen – auch hier profitieren die Produzenten von der benachbarten Sherry-Produktion.

Zu den bekanntesten Brandy-Marken zählen die Brände von González Byass, Cardenal Mendoza, Osborne, Sandeman und Williams & Humbert. Alle Produzenten bieten dabei unterschiedliche Qualitäten an. Diese werden auf den Etiketten – analog zu den Cognac-Bezeichnungen V.S., V.S.O.P. und X.O. – mit Qualitäts- und Altersbezeichnungen ausgewiesen: „Solera", „Solera Reserva" und „Solera Gran Reserva".

Brandy

18-20° C

1-4

ITALIENISCHER BRANDY

Bei den großen Erfolgen, die Cognac und spanischer Brandy im 19. Jahrhundert auf den europäischen Märkten erzielten, verwundert es nicht, dass man auch in den italienischen Weinbauregionen mit der Destillation von Weinen begann. Obwohl der italienische Brandy nie den Weltruf der französischen und spanischen Weinbrände erreichen konnte, werden auch hier hervorragende Destillate gewonnen.

Die beiden bekanntesten italienischen Brandys sind die zu Großkonzernen gehörenden Marken „Vecchia Romagna" und „Stock 84 – Riserva V.S.O.P.". Allerdings beschränkt sich das Angebot an italienischen Weinbränden nicht allein auf diese international vertriebenen Getränke.

Im Zuge des großen Grappa-Erfolgs erleben auch Weinbrände von kleineren Destillerien mehr und mehr internationale Beachtung. So bieten eine ganze Reihe von bekannten Grappa-Häusern heute auch hervorragende Weinbrände an. Dazu zählen vor allem die beiden venetischen Destillerien Carpenè Malvolti und Jacopo Poli.

Die Trinkgewohnheiten des Brandys entsprechen denen von Cognac und Weinbrand (siehe S. 100 und 256).

METAXA -

DER GRIECHISCHE WEINBRAND

Metaxa ist – wie Weinbrand in Deutschland – der Oberbegriff für griechischen Weinbrand. Gleichzeitig handelt es sich aber auch um eine eingetragene Marke.

Der berühmte griechische Weinbrand ist nach dem Unternehmensgründer Spyros Metaxa benannt. Dieser kaufte im Jahre 1880 mit seinen zwei Brüdern in der Gegend von Piräus ausgedehnte Weinberge in besten Lagen. Er experimentierte mit dem Mischen verschiedener Weine und begann mit der Destillation des ab dem Jahre 1888 so benannten „Metaxa".

Beim Bau der ersten Fabrik fand man eine antike Münze mit dem Symbol des „Salamina-Kriegers". Sie wurde zum Markenzeichen des Unternehmens und ist bis heute auf jedem Etikett abgebildet. Heute wird Metaxa in 110 Ländern der Welt vertrieben.

Er wird aus roten Trauben gebrannt und der Alkoholgehalt liegt bei 38 bis 40% vol. Er wird in verschiedenen Qualitäten angeboten, die in Form von Sternen auf dem Etikett gekennzeichnet werden. Sie unterscheiden sich nicht nur im Alter, sondern auch in Geschmack und Charakter. Metaxa wird pur, auf Eis oder als Mixgetränk genossen. Neben dem „Metaxa" sind „Botrys" und „Kamba" zwei der bekanntesten Marken.

Cachaça

Cachaça, die Nationalspirituose Brasiliens, beherrscht den gesamten Spirituosenmarkt in Südamerika. Sie verkörpert brasilianische Lebensfreude, Samba, Sonne und Urlaub.

Bekannt ist das klare Zuckerrohrdestillat bereits seit Ende des 17. Jahrhunderts. Inzwischen ist Cachaça weltweit als Grundzutat für den berühmten Cocktail Caipirinha bekannt, was ihn zu einer der größten Trendspirituosen der neunziger Jahre machte.

Destillat aus Zuckerrohr

Cachaça wird oftmals als Rum bezeichnet, wobei es jedoch einige Unterschiede gibt. Bei Cachaça verwendet man frisches, grünes Zuckerrohr, während der herkömmliche Rum aus der Melasse, das bedeutet aus den Rückständen der Zuckergewinnung, gebrannt wird (siehe auch S. 230). Das Herstellungsverfahren lässt sich eher mit dem von Obstwasser vergleichen: Die Zuckerrohrfrucht wird eingemaischt, vergoren und dann destilliert.

Dabei ist nicht vorgeschrieben, ob in einem kontinuierlichen Brennvorgang oder in zwei getrennten Brennvorgängen destilliert wird. Hauptsache ist, dass der fruchtige, herbsüße Geschmack des frischen Zuckerrohrs so gut wie möglich erhalten bleibt.

Viele Cachaças werden unmittelbar nach der Destillation in Tanks oder direkt in Flaschen abgefüllt. Die hochwertigen Cachaças von besserer Qualität hingegen reifen in Fässern.

CACHAÇA GENIESSEN

Neben dem Caipirinha, dem Trendcocktail mit Limonen, Eis und Zucker, ist Cachaça auch Basis für die brasilianischen Nationalgetränke, die „Batidas“. Diese bestehen aus Cachaça, Zucker, Eis, Früchten und Fruchtsäften. Sehr gut geeignet dafür sind zum Beispiel Limonen, Maracujas, Ananas, Orangen und Kokosnüsse.

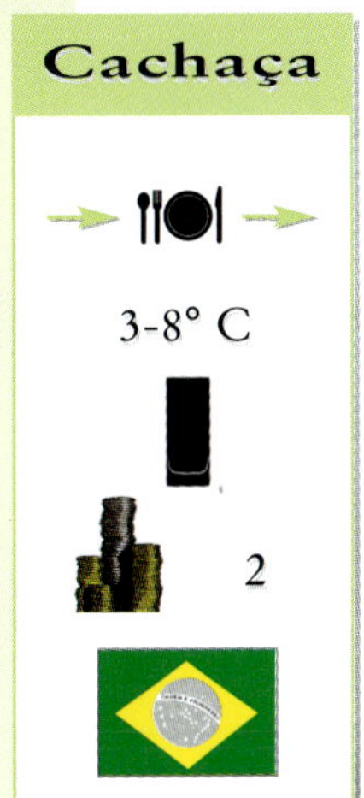

Natürlich kann man den Cachaça auch pur genießen. Da er aber einen sehr intensiven Eigengeschmack besitzt, ist dies eigentlich nur Fans zu empfehlen. In Brasilien wird der Cachaça allerdings häufiger pur getrunken.

Entscheidet man sich für einen Cocktail mit Cachaça, kann dieser sowohl als Aperitif oder auch als Digestif getrunken werden. Hier zählt wiederum der persönliche Geschmack. Gleiches gilt auch für den pur genossenen Cachaça, wobei dieser aufgrund seines relativ hohen Alkoholgehalts (etwa 40% vol) wohl eher nach dem Essen in Frage kommt.

ANNO 1856
HENKELL
TROCKEN
Feiner trockener Sekt
DRY-SEC
WIESBADEN

Champagner, Sekt & Co

Das exklusive Prickeln

Ohne jeden Zweifel sind Champagner, Sekt & Co weltweit Inbegriffe für luxuriöse Exklusivität, feinsten Geschmack und beste Laune. Ob große Feste oder kleine Jubiläen, Hochzeitsfeiern oder Silvesternächte: Wann immer es gilt, auf ein freudiges Ereignis anzustoßen, knallen die Korken und prickelt der Schaumwein. Und so wundert es nicht, dass er auch die Königsrolle unter den Aperitifen und Digestifen einnimmt.

Schaumwein ist dabei der Oberbegriff für alle schäumenden bzw. moussierenden Weine: vom weltberühmten französischen Champagner und dem Crémant über den deutschen Sekt, den spanischen Cava bis hin zum italienischen Spumante.

Eine zufällige Entdeckung

Den Grundstein für die heutigen Schaumweine legten die Franzosen – und das eher unabsichtlich. Die Hauptrolle spielte ein natürlicher Prozess: Viele Trauben wurden oftmals erst spät im Jahr gekeltert. Wenn dann der Winter einsetzte, hatten die Hefen in den gepressten Trauben nicht genug Zeit, den vorhandenen Zucker vollständig in

Alkohol umzuwandeln und der Gärvorgang in den Flaschen kam für einige Zeit zum Erliegen. Mit Anstieg der Temperaturen im Frühling setzte die Gärung in der Flasche ein zweites Mal ein. Dabei entstand Kohlendioxid und das führte in den fest verschlossenen Flaschen zum Perlen und Prickeln des Weines.

Noch heute werden Schaumweine letztlich nach dem gleichen Prinzip hergestellt. Das wichtigste Merkmal eines moussierenden Weines ist nämlich die zweite Gärung: Dem bereits fertigen Wein, bzw. einer fein abgestimmten Komposition verschiedener Weine – dem so genannten Cuvée – wird eine genauestens dosierte Mischung aus Wein, gelöstem Zucker und Hefe beigefügt. Diese „Fülldosage" setzt die zweite Gärung in Gang, wobei die Hefe den Zucker in Kohlensäure und Alkohol verwandelt. Um eine gleichbleibende Qualität des Cuvée zu erzielen, komponieren die Kellermeister Jungweine aus verschiedenen Traubensorten, Lagen und Jahrgängen zu einer jeweils charakteristischen Mischung.

DIE DREI HERSTELLUNGSVERFAHREN

Auch wenn das Grundprinzip bei allen Schaumweinen dasselbe ist, so gibt es doch drei verschiedene Herstellungsverfahren, die sich nachhaltig auf den Geschmack – und damit nicht zuletzt auch auf den Preis – auswirken:

- MÉTHODE CHAMPENOISE: Diese ist das älteste Verfahren, bei dem die zweite Gärung ausschließlich in der Flasche erfolgen muss und der Wein die Flasche vor dem Verkauf nicht mehr verlassen darf. Da die Bezeichnung „Methode Champenoise" seit einigen Jahren nur noch für Produkte aus der Champagne verwendet werden darf, nennt man diese Methode in anderen Ländern „Traditionelle" oder „Klassische Flaschengärung".

  Das mit der Fülldosage versehene Cuvée wird dabei in Flaschen gefüllt und verschlossen. Während der nun folgenden zweiten Gärung bilden sich Heferückstände. Damit sich diese im Flaschenhals sammeln können, wird die Flasche schräg, mit dem Kopf nach unten gelagert. Zudem wird die Flasche regelmäßig gerüttelt, sodass die tote Hefe in den Hals absinken kann.

  Zum Entfernen der Hefe taucht man den Flaschenhals in eiskaltes Wasser. Die Hefe gefriert und wird beim nachfolgenden Öffnen der Flasche durch den Druck der Kohlensäure aus der Flasche geschleudert. Dieser Volumenverlust wird mit der „Versanddosage" – einer genau bemessenen Menge in Wein gelösten Zuckers – ausgeglichen, bevor die Flasche neu verschlossen wird.

- FLASCHENGÄRUNG (TRANSVASIER-VERFAHREN): Hier wird das aufwändige Flaschenrütteln der Méthode Champenoise maschinell erledigt. Der Wein gärt zwar in der Flasche zu Schaumwein, wird aber nach der zweiten Gärung aus den Flaschen in einen Gegendruckbehälter entleert, wo dann die Hefe aus dem

Schaumwein gefiltert wird. Schaumweine, die nach diesem Verfahren produziert wurden, dürfen auf dem Etikett die Bezeichnung „Flaschengärung" tragen, nicht zu verwechseln mit „Traditionelle Flaschengärung".

- MÉTHODE CHARMAT: Ein modernes Verfahren zur Einleitung der zweiten Gärung, das es ermöglicht, große Mengen an Schaumwein unaufwändig herzustellen. Die zweite Gärung erfolgt dabei in großen, bis zu 200 000 Liter fassenden Gärfässern. Da eine ständige Temperatur- und Ablaufkontrolle während der Gärphase und der anschließenden Lagerung erfolgt, gewährleistet diese Methode stets eine gleichbleibende Qualität. Die Gärung an sich verläuft dabei letztlich genauso wie in Flaschen.

DIE FLASCHENGRÖSSEN

Bei den Schaumweinen sind international fünf Flaschengrößen gängig, wobei die Glasangabe nur als grober Richtwert zu verstehen ist: Piccolo mit 0,2 l für 2 Gläser, ½ Flasche mit 0,375 l für 4 Gläser, ganze Flasche mit 0,75 l für 7 Gläser, Magnumflasche mit 1,5 l für 15 Gläser und Doppelmagnumflasche mit 3 l für 30 Gläser.

RICHTIG LAGERN UND GENIESSEN

Anders als der normale Wein ist Schaumwein nur begrenzt lagerfähig und wird durch weiteres Lagern vor allem nicht unbedingt besser. Damit bei der Lagerung die Qualität möglichst lange erhalten bleibt, sollten Schaumwein bis zum Verbrauch dunkel und kühl stehen.

Entscheidend für die Art der Lagerung ist die Beschaffenheit der Korken. Schaumweine mit einem Kunststoffkorken kann man problemlos stehend lagern, sie halten sich allerdings nur etwa drei Jahre. Schaumweine mit Naturkorken hingegen sollten liegend lagern, damit der Korken umspült und feucht gehalten wird. Sie halten so etwa fünf bis zehn Jahre. Geöffnete Flaschen kann man mit einem speziellen Verschluss ein bis zwei Tage im Kühlschrank aufbewahren.

ALKOHOLFREI

Inzwischen bieten mehrere Kellereien auch alkoholfreien Sekt an sowie Bioprodukte. Der Geschmack ist allerdings nicht ganz vergleichbar.

Für die Lagerung gilt eine gleichbleibende Temperatur zwischen zehn und fünfzehn Grad Celsius als optimal. Serviert werden sollten die Schaumweine allerdings kälter, nämlich etwa 8° C kalt. Vorsicht: Wird der Schaumwein zu warm geöffnet, spritzt er explosionsartig aus der Flasche.

Das ideale Glas für Champagner und andere Schaumweine ist die so genannte Flute, auch Sektflöte genannt, oder ein schmales Tulpenglas. Bei dieser Glasform bleiben Schaum und aufsteigende Bläschen länger erhalten als in schalenförmigen Gläsern. Außerdem kommt das Bouquet des Weines so besser zur Geltung.

Champagner

Der Champagner gilt nach wie vor als der König unter den Schaumweinen. Wie kein anderer verkörpert er das Besondere, nicht zuletzt aufgrund seines hohen Preises.

Nicht jeder Schaumwein darf sich jedoch Champagner nennen. Der Name des Edelgetränks ist gesetzlich geschützt. Um die Bezeichnung tragen zu dürfen, muss der Wein in der Champagne angebaut und gekeltert werden.

Nur drei Traubenarten sind dabei zugelassen: die weiße Chardonnay und die roten Pinot Noir und Meunier. Die roten Trauben werden ohne Schale verarbeitet, sodass auch sie weißen Wein ergeben. Der Charakter der jeweiligen Champagnersorten resultiert aus dem Mischungsverhältnis der Trauben.

Als Erfinder des Verfahrens zur Champagnerherstellung (Méthode champenoise) gilt der Benediktinermönch Dom Pérignon, nach dem auch die wohl bekannteste Champagnermarke aus dem Hause Moët et Chandon benannt ist. Ihm gelang es, im Laufe der Jahre verschiedene Verfahren und Techniken zu entwickeln, um die Gärvorgänge in den Flaschen zu kontrollieren.

Die qualitativ hochwertigsten Champagner sind die Prestige Cuvées, die nur aus Weinen bester Jahrgänge und Grand-Cru-

Berühmter Fan

Winston Churchill soll einmal über den Champagner gesagt haben: „Bei Siegen hat man ihn verdient, bei Niederlagen braucht man ihn.“

Lagen erzeugt werden. Dann folgen die Bruts mit Jahrgangsangabe und die Bruts ohne Jahrgangsbezeichnung. Schließlich folgen die reinsortig aus Chardonnay gekelterten Blanc de Blancs, die aus dunklen Trauben produzierten Blanc de Noirs und die Rosé-Champagner.

Die Geschmacksbezeichnungen

Für die Geschmacksrichtung des Champagners ist der Zuckergehalt maßgeblich entscheidend. Auf den Flaschen befinden sich folgende Angaben, die den Zuckergehalt angeben:

- ULTRA BRUT, BRUT NON DOSAGE oder BRUT ZERO: Ohne jeglichen Zusatz von Zucker und damit sehr trocken.
- BRUT: Bis 15 g Zucker je Liter, herb und trocken.
- EXTRA SEC: Bis 20 g Zucker je Liter, halbtrocken.
- SEC: Bis 35 g Zucker je Liter, mild.

DIE GROSSEN CHAMPAGNER-MARKEN

- MOËT & CHANDON: Einer der bekanntesten und bedeutendsten Hersteller. Das Unternehmen wurde bereits 1743 gegründet und führt bekannte Sorten wie Dom Pérignon, White Star Sec, Brut Impérial Jahrgang oder Brut Impérial Rosé Jahrgang.

- PIPER-HEIDSIECK: Dieses Haus blickt ebenfalls auf eine lange Tradition zurück, denn es wurde bereits 1785 gegründet. Seine bekanntesten Champagner sind beispielsweise Demi Sec, Brut Extra, Brut Sauvage, Brut Extra – Vintage, Brut Rosé – Vintage und Florens Louis – Brut Vintage.

- VEUVE CLICQUOT: „La Veuve Clicquot“ gilt neben der „Veuve Pommery“ als eine der beiden berühmtesten Witwen in der Geschichte des Champagners. Sie waren unter den ersten Frauen in Frankreich, die als Unternehmerinnen Karriere machten. Nachdem ihr Mann gestorben war, übernahm die Witwe Clicquot 1805 die Leitung des 1772 gegründeten Hauses. Bekannte Geschmacksrichtungen sind Demi Sec, Brut, Brut Carte d'Or Vintage, Brut Rosé Vintage oder La Grande Dame Vintage.

- POMMERY: Auch dieses Haus zählt zu den bedeutendsten Champagner-Herstellern. Es wurde im Jahre 1836 von einer Frau, Madame Veuve Pommery, gegründet. Beispiele für bekannte Pommery-Champagner sind Drapeau Sec, Brut Royal, Brut 1975 und Brut Rosé Monaco.

Sekt

Die deutsche Variante des zweimal vergorenen Schaumweins ist der Sekt aus weißen oder roten Trauben. Da es auch hier qualitativ sehr hochwertige Produkte gibt, kann er eine preisgünstige Alternative zum Champagner sein. Allerdings: Neben Premium- und Traditionsmarken gibt es eine ganze Reihe von Mittelpreis-, Konsum- und Hausmarken, die qualitativ deutlich abfallen.

Von Brut bis Doux

Auch beim Sekt spielt der Zuckergehalt eine entscheidende Rolle bei der Geschmacksgebung. Aufschluss geben folgende Bezeichnungen auf den Flaschenetiketten:

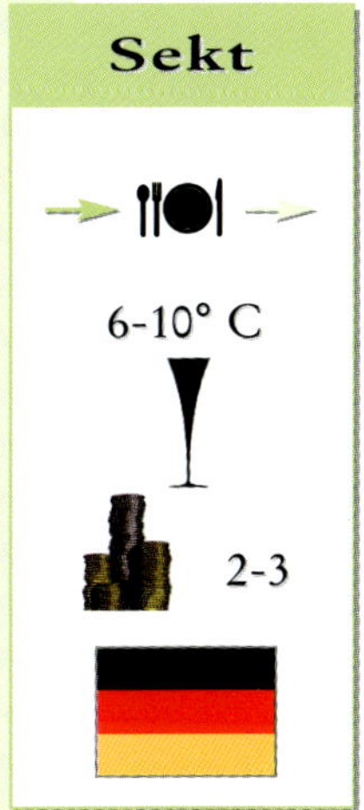

- BRUT NATURE: Unter 3 g Zucker je Liter, natur herb.
- EXTRA BRUT: Bis 6 g Zucker je Liter, extra herb.
- BRUT: Bis 15 g Zucker je Liter, herb.
- EXTRA DRY: 12 bis 20 g Zucker je Liter, extra trocken.
- SEC oder DRY: 17 bis 35 g Zucker je Liter, trocken.
- DEMI SEC oder MEDIUM DRY: 33 bis 50 g Zucker je Liter, halbtrocken.
- DOUX oder SÜSS: Mehr als 50 g Zucker je Liter, mild.

Bekannte Sekt-Marken

- DEINHARD: Dieses 1794 gegründete deutsche Unternehmen war zunächst auf Wein spezialisiert, brachte dann aber 1833 seinen ersten Sekt auf den Markt. Bekannte Marken sind Deinhard-Lila, Cabinet, Medium Dry.

- HENKELL: Das 1832 in Mainz gegründete Weingeschäft Henkell gehört zu den größten Herstellern. Bekannte Marken sind: Henkell Brut, Blanc de Blanc, Adam Henkell Brut (Prestige Cuvée).

- KUPFERBERG: Die Sektkellerei C.A. Kupferberg & Cie wurde 1850 in Mainz am Rhein gegründet. Die Marke „Kupferberg Gold“ gehört zu den ältesten deutschen Sektmarken. Weitere bekannte Produkte sind Riesling Brut und Spätburgunder.

- MUMM: Die Champagnerkellerei „G.H. Mumm et Cie" wurde 1827 vom deutschen Kellermeister Godefroy H. von Mumm im französischem Reims gegründet. Er wurde während des Ersten Weltkriegs durch den französischen Staat enteignet, weil die Familie nie die französische Staatsbürgerschaft angenommen hatte. Im Jahr 1918 kehrte die Familie nach Deutschland zurück und gründete 1922 in Frankfurt die Kellerei Mumm & Co. Bekannte Marken sind Mumm Dry und Extra Dry.

- ROTKÄPPCHEN: Seit dem Fall der Mauer ein Sekt mit Kultstatus: Der Traditionssekt war die einzige große Sektmarke, die zu DDR-Zeiten produziert wurde. Mit der Wiedervereinigung begann eine neue Karriere.

- SÖHNLEIN: Das seit 1864 in Wiesbaden ansässige Unternehmen hat mit „Söhnlein Rheingold" den Sekt in Deutschland zum wahren Volksgetränk gemacht: Seit 1964 wurden 900 Millionen Flaschen verkauft.

Mumm in Deutschland und Frankreich

Das Frankfurter Unternehmen Mumm ist nicht zu verwechseln mit dem gleichnamigen französischen Unternehmen, das seit dem ersten Weltkrieg immer noch in Reims unter französischer Leitung geführt wird. Die Franzosen wollten der deutschen Firma den Namen „Mumm" verbieten lassen, verloren allerdings den Prozess. Dafür darf das deutsche Unternehmen ausschließlich die Farben Schwarz und Weiß bei der Flaschenausstattung verwenden.

PROSECCO

Der leichte, trockene und fruchtige Prosecco ist das Lifestyle-Produkt unter den Schaumweinen. Der wesentliche Unterschied zum Sekt - also dem Qualitätsschaumwein - besteht darin, dass Prosecco zumeist weniger Kohlensäure enthält, was viele als angenehm empfinden.

Der Name Prosecco ist keine Gattungsbezeichnung wie der Sekt oder der Champagner, sondern der Name einer weißen Rebsorte aus dem norditalienischen Veneto. Den entscheidenden Hinweis auf die Art des Getränks, das aus der Traube hergestellt wird, geben die Zusätze „spumante“ oder „frizzante“. Beim „Prosecco frizzante“ handelt es sich um einen Perlwein, dem die Kohlensäure zumeist künstlich zugesetzt wurde. Der „Prosecco spumante“ hingegen entspricht einem guten Qualitätsschaumwein wie dem deutschen Sekt und unterliegt somit höheren Qualitätsmaßstäben.

Obwohl der Name „Prosecco“ das italienische Wort „secco“ für „trocken“ beinhaltet, muss dieser Schaumwein nicht zwangsläufig auch trocken schmecken. Vielfach hat er eine beträchtliche Restsüße. Der Alkoholgehalt beträgt meist etwa 11% vol.

Prosecco

3-8° C

1-3

Calvados

Die beste Art, Äpfel zu geniessen

Calvados ist ein Apfelbranntwein aus Frankreich. Seine Heimat ist die Normandie, die bereits zu Asterix' Zeiten für ihre Apfelbäume berühmt war. Schon damals pressten die Bauern Saft aus den Äpfeln und ließen ihn zu Wein vergären. Doch erst 1553 wird der Branntwein in einer Chronik erwähnt; Calvados heißt er seit dem 19. Jahrhundert. Er ist nach dem Département benannt, aus dem ein Teil der Produktion stammt.

Man unterscheidet zwei Calvadossorten: Calvados mit gesetzlich geregelter Herkunftsbezeichnung (Calvados Contrôlée) und Calvados mit kontrollierter Ursprungsbezeichnung (Calvados du Pays d'Auge). Ersterer kommt aus dem Département Calvados und zehn weiteren Regionen.

Der zweite – weitaus berühmtere – hingegen stammt ausschließlich aus dem kleinen Anbaugebiet Pays d'Auge im Herzen des Départements Cal-

Die Spanier sind schuld …

Ein spanisches Kriegsschiff gab dem Nationalgetränk der Normannen seinen Namen: „El Calvador" hieß die Fregatte der spanischen Armada, die im Jahr 1588 auf einem Feldzug gegen England an Frankreichs Felsen strandete. Aus „El Calvador" wurde „Calvados". Erst wurde der Felsen, an dem sie zerschellte, so genannt, dann der ganze Küstenstreifen, schließlich ein ganzes Département und zuletzt auch der Apfelbrand.

Père
MAGLOIRE
Calvados Pays d'Auge
V.S.O.P.
Appellation
Calvados Pays d'Auge
Contrôlée
70 cl
40 % vol
Père
MAGLOIRE
Calvados
Père
MAGLOIRE
Calvados

vados. Nur der Branntwein aus dieser Region, der zudem nach einem speziellen, zweifachen Destillationsverfahren gebrannt wird, darf sich „Calvados du Pays d'Auge" nennen.

100 verschiedene Apfelsorten

Wenn man über Calvados spricht, muss man bei den Äpfeln anfangen. Millionen von Apfelbäumen überziehen die Landschaft der Normandie. Im feuchten, milden Seeklima reifen circa 100 verschiedene Apfelsorten heran. Aus den besten Sorten wird der Most gewonnen, der die Grundlage für den Calvados bildet.

Der frische Apfelmost wird zunächst zu Cidre vergoren, der einen Alkoholgehalt von etwa 5% vol aufweist. Dieser Cidre bleibt allerdings, anders als der zum Trinken gedachte, vor der Destillation noch ein bis zwei Jahre länger im Fass.

Nach dem Brennen in den typischen Kupfer-Brennblasen folgt eine längere Lagerung in Eichenholzfässern, wobei die Flüssigkeit eine dunklere Farbe annimmt und die Geschmacksrichtung von der frischen zur reifen, vollen Note wechselt. Dann wird der Calvados auf Trinkstärke verdünnt und in Flaschen abgefüllt.

Die Jahrgangsangaben

Bevor er in den Verkauf kommt, muss Calvados mindestens ein Jahr gelagert haben. Üblicherweise reift er jedoch zwei bis fünf Jahre. Das Alter erkennt man am Etikett. Die wichtigsten Deklarationen lauten:

- 3 STERNE: 2 Jahre.
- VIEUX oder RÉSERVE: 3 Jahre.
- V.O. oder VIELLE RÉSERVE: 4 Jahre.
- V.S.O.P.: 5 Jahre.
- EXTRA, NAPOLÉON, HORS D'AGE oder INCONNU: Mindestens 6 Jahre.

Anders als bei anderen hochwertigen Spirituosen ist nicht unbedingt das hohe Alter entscheidend für den Genuss. Es gilt die Faustregel: Jüngerer Calvados ist frisch, schmeckt intensiv nach Äpfeln und eignet sich am besten zum Mixen. Älterer Calvados schmeckt weich, mit Tönen von Apfel, aber auch Vanille, Birne, Kirsche und mildem Balsamessig. Ganz alter (und entsprechend teurer) Calvados von mehr als dreißig Jahren hat den Charakter des Apfelschnapses völlig abgelegt und kommt einem alten Cognac oder Armagnac nahe.

So trinkt man Calvados

Auf landestypische Art wird Calvados vor dem Essen als „Pommeau“ getrunken: eine Mischung aus Apfelsaft und Calvados.

Ansonsten gilt Calvados als idealer Digestif. Man reicht ihn bei Zimmertemperatur zum krönenden Abschluss eines Essens in einem tulpenförmigen Glas.

Auf das Glas kann aber auch verzichtet werden: Echt französisch trinkt man seinen Calvados aus der eben leer getrunkenen Kaffeetasse. Oder man mischt Kaffee und Calvados: der „Café Calva“, für den vorzugsweise jüngere Calvados-Varianten genommen werden.

Calvados-Marken

- PÈRE MAGLOIRE: Die weltweit führende Calvados-Marke mit Präsenz in mehr als 60 Ländern wird im Herzen der Normandie hergestellt und abgefüllt. Die Etikettierung „Calvados Pays d’Auge Controlée“ verweist auf die hervorragende Qualität, die in verschiedenen Altersklassen angeboten wird.

- COEUR DE LION: Die Qualität wird durch mehr als 200 Medaillen, darunter alle höchsten Auszeichnungen,

Das „normannische Loch“

Man muss nicht bis zum Ende des Essens warten, ehe man seinen Calvados genießen darf, denn es gibt ja eine schöne Sitte aus der Normandie... Zwischen den einzelnen Gängen eines reichhaltigen Menüs macht man das normannische Loch („on fait le trou normand“) – man trinkt einen Calvados, um wieder etwas Platz im Magen zu schaffen.

die ein Calvados erringen kann, gewürdigt. Auch er trägt die Bezeichnung „Appellation Pays d'Auge Controlée“.

- ROGER GROULT: Sein Brannt gilt in Fachkreisen, vor allem in Frankreich, als der vielleicht beste Calvados überhaupt (wenn es denn wirklich einen „besten“ geben sollte).

- DAUPHIN: Die Destillerie Normande du Calvados Dauphin in Coquainvilliers in der Pays d'Auge-Region ist eine der größten Calvadosproduzenten.

- PAPIDOUX: Das Traditionshaus bietet vier Qualitäten mit dem Prädikat „Appellation Calvados Controlée“ an. Sie werden in dickhalsige, für Papidoux geschützte Flaschen abgefüllt. Alle vier Marken (Fine, V.S.P.O., X.O. und Millesime) haben 40% vol Alkohol.

- GILBERT: Standard-Calvados, der in vielen Supermärkten erhältlich ist.

N 14
COG

Cognac

Das flüssige Gold Frankreichs

Im Herzen des Départements Charente, inmitten von Weinbergen und sanften Hügellandschaften, liegt die Stadt, die dem berühmtesten Weinbrand der Welt ihren Namen gegeben hat: Cognac. Zusammen mit seinem „älteren Bruder“, dem Armagnac, führt dieser Klassiker nach wie vor die Rangliste der beliebtesten Digestifs an.

Weltbekannte Firmen wie Hennessy, Martell und Otard haben in Cognac ihren Sitz und verarbeiten die Trauben der rund 60000 ha großen Weinanbauflächen rund um die Stadt zu der exquisiten Edelspirituose.

Das festgelegte Anbaugebiet des Cognacs wird in sechs Regionen gegliedert: Grande Champagne, Petite Champagne,

DIE LEGENDE VON DER ENTSTEHUNG DES COGNACS

Es war um das Jahr 1650. Eines Nachts hatte der Ritter de la Croix Maron einen Albtraum. Der Teufel wollte seine Seele rauben und warf ihn dazu in einen Kochtopf. Doch der Ritter war ein guter Christ, und so erzielte der Teufel nicht das gewünschte Ergebnis. Also wiederholte er den Vorgang. Der Ritter schreckte hoch und hatte einen Geistesblitz: So wie der Teufel durch zwei Siedevorgänge an seine Seele kommen wollte, müsse man Wein zweimal destillieren, um seine Seele freizusetzen. Der Cognac war geboren.

Les Borderies, Fins Bois, Bons Bois, Bois Ordinaires oder Bois à Terroir. Das Herz der Produktion ist die Grande Champagne mit dem Städtchen Cognac, wo auf Grund der hervorragenden Bodenbeschaffenheit die besten Trauben wachsen und so auch die besten Cognacs destilliert werden.

VEREDELTER WEISSER WEIN

Ausgangspunkt für Cognac ist Weißwein, der aus der Region stammen muss. Die ursprünglich in Italien beheimatete Sorte „Ugni Blanc“ macht 90 Prozent der Rebfläche aus. Die übrigen zehn Prozent teilen sich die Sorten Colombard und Folle Blanche.

Die Traubenlese beginnt im Oktober. Destilliert wird in der Charente nur in den Wintermonaten, zwischen Anfang November und dem 31. März des darauffolgenden Jahres.

Die Charentaiser Brennblase

Zur Destillation darf nur ein einziges Gerät verwendet werden, und zwar die speziell für die Region entwickelte Charentaiser Brennblase, die „alambic charentaise". Gebrannt wird in zwei Durchläufen.

Bei der ersten Destillation, die ungefähr acht Stunden dauert, entsteht der Rohbrand („brouillis"). Er hat einen Alkoholgehalt von etwa 27–30% vol. Die zweite Destillation nimmt hingegen circa zwölf Stunden in Anspruch und ist die schwierigste Phase des Brennvorgangs, denn dabei wird nur das „Herz", der

DAS EICHENFASS

Die Fässer, in denen guter Cognac über viele Jahre heranreift, werden in Handarbeit hergestellt. Sie prägen entscheidend seinen Geschmack. Das Holz stammt traditionell aus zwei französischen Wäldern – der Limousin und dem Tronçais-Forst. Die besten Hölzer sind 70 bis 100 Jahre alt. Vor ihrer Verarbeitung lagern sie noch einmal bis zu sechs Jahre im Freien, damit sich überschüssige Gerbsäuren abbauen können, denn diese würden den Cognac bitter machen.

Mittellauf, vom unbrauchbaren Vor- und Nachlauf getrennt. So entsteht der so genannte Feinbrand („bonne chauffe“) mit 72 Volumenprozent.

Nun beginnt die geschmacksprägende Arbeit des Verschnitts, der hauptvcrantwortlich für die Güte des späteren Brannts ist.

Cognac wird meist aus Destillaten mehrerer Regionen verschnitten, was man als „Assemblage“ bezeichnet. Es können bis zu 200 verschiedene Brände vermischt werden, um ein harmonisches Ganzes zu schaffen. Hier sind Erfahrung, Präzision und Intuition des Kellermeisters gefragt. Es gibt aber auch sorten- oder regionsreine Destillate. In diesen so genannten „Single Crus“ findet man den Charakter der jeweiligen Domäne wieder.

Die Lagerung in den Fässern

Bei der anschließenden Lagerung in Fässern aus Eichenholz erhält der zweifach gebrannte Wein seinen charakteristischen goldenen Farbton.

Das klassische Cognac-Fass hatte ursprünglich ein Volumen von 205 Litern. Es zeigte sich aber, dass 350-Liter-Fässer besser geeignet sind. Je kleiner das Fass, desto größer die Kontaktfläche mit dem Destillat, wodurch die Holznote zu stark werden könnte.

Das für die Fässer verwendete Holz ist porös, und dadurch luftdurchlässig. So nehmen Alkoholgehalt und Volumen nach und nach ab. Jener Anteil, der sich durch den Verdunstungsprozess quasi in Luft auflöst, wird im Volksmund „Anteil der Engel“ genannt.

Auf diese Weise verdunstet in den Cognac-Häusern alljährlich eine dem Inhalt von 20 Millionen Flaschen entsprechende Menge. Für die Qualität des Cognacs ist das aber nur von Vorteil, denn: Eine Flasche zwölfjährigen Cognacs entspricht dem Traubeneinsatz von fast sieben Flaschen Wein. Letztlich konzentrieren sich dadurch also all die Aromastoffe, die einen Cognac so begehrenswert machen.

Mit der Zeit wird der Branntwein in immer ältere Fässer umgefüllt, was den Alterungsprozess verlangsamt. So erhält der Cognac Zeit sich zu harmonisieren.

Nach einem Beschluss des Bureau National Interprofessional du Cognac aus dem Jahre 1975 muss der Cognac mindestens drei Jahre im Fass lagern, bevor er in den Handel gebracht werden darf.

Nach Ablauf der Lagerzeit wird der Cognac mit Wasser auf eine Trinkstärke von 40% vol herabgesetzt. Vor dem Abfüllen werden verschiedene Jahrgänge und Sorten verschnitten. Diese „Mariage“ (Hochzeit) soll ein Endprodukt mit gleichbleibendem Geschmack garantieren.

Für besonders edle Cognac-Verschnitte werden sehr alte Weinbrände verwendet, die mehrere Jahrzehnte im Fass hinter sich haben. Diese Qualitäten bringen ein Höchstmaß an komplexen Aromen hervor; nicht umsonst tragen sie die Bezeichnung „Le Paradis", die sie als die höchste Qualitätsstufe auszeichnet.

Solche Ausnahme-Brände lassen das Herz eines jeden Cognac-Liebhabers höher schlagen. Vielschichtige Aromen mit lang anhaltendem Duft verwöhnen den Gaumen, etwa nach Muskattrauben, dunklem Karamel und Tabak.

Die wichtigsten Altersangaben

Die Qualität eines Cognacs ist also maßgeblich von seinem Alter abhängig. Um die Qualität richtig einschätzen zu können, weisen die Flaschen geschützte Bezeichnungen aus:

- Drei Sterne, V.S. (Very Special) oder Sélection de Luxe: Mindestens 2 Jahre gelagert.
- Mehr als fünf Sterne, Cuvée Supérieure oder Grande Sélection: Mindestens 3 Jahre gelagert.
- Vieux (alt), V.O. (Very Old), V.S.O.P. (Very Superior Old Pale) oder Réserve: Mindestens 4 Jahre gelagert.
- V.V.S.O.P., Grande Réserve, Private Réserve oder andere Bezeichnungen mit Réserve: Mindestens 5 Jahre gelagert.
- EXTRA, X.O., Napoléon, Royal, Très Vieux, Vieille Réserve, oder Verbindungen mit „Or“ (Gold), wie z.B. „Age d’Or“: Mindestens 6 Jahre gelagert.

COGNAC RICHTIG GENIESSEN

Meist wird Cognac pur als Digestif nach dem Essen angeboten. Man kann ihn aber auch als Aperitif auf Eis oder als Longdrink oder Cocktail trinken, je nach Laune und nach Qualität des Weinbrands.

Man wählt einen älteren Cognac (zum Beispiel V.S.O.P.), wenn man ihn pur oder auf Eis trinken möchte und einen jüngeren (***-Qualität) zum Mixen. Kenner bevorzugen die hochwertigen Cognacs aus der Grande- oder Petite Champagne.

Man trinkt Cognac, wie alle unvermischten Edelbrände aus Wein, aus tulpenförmigen Stielgläsern, ähnlich den Sherrygläsern, oder aus dem so genannten Cognacschwenker, einem bauchigen Glas auf kurzem Stiel. Darin kann das Getränk sein volles Aroma entfalten, denn zuerst wird es nach seinem Duft beurteilt.

Danach ist der Geschmack an der Reihe. Man behält den Cognac ein wenig im Mund, bevor er in kleinen Schlucken getrunken wird. Qualität zeichnet sich durch eine auffällige Aromalänge aus. Hochwertiger Cognac hinterlässt einen reichen, vollen Nachgeschmack.

Als Fauxpas gilt es, den Cognac vorher anzuwärmen, da dann das Aroma leiden würde. Die optimale Trinktemperatur liegt bei 17 bis 20 Grad Celsius.

BERÜHMTE COGNAC-MARKEN

Im 18. und 19. Jahrhundert entstanden die großen Cognac-Firmen, deren Namen noch heute Weltgeltung haben:

- MARTELL: Die Firma Martell & Co, deren Hauptsitz sich direkt in der Stadt Cognac befindet, wurde im Jahre 1715 von Jean Martell gegründet.
- RÉMY MARTIN: Besteht seit 1724 und ist heute führender Erzeuger von Fine Champagne Cognac. Das Haus beherrscht weltweit fast 15 Prozent des Cognac-Marktes.
- HENNESSY: 1765 wurde die Firma gegründet, die heute 10 Prozent der französischen Weinerträge verarbeitet und damit der größte Cognac-Hersteller ist.
- COURVOISIER: 1790 in Paris gegründet. Die Courvoisier-Cognacs tragen die Bezeichnung „The Brandy of Napoléon", da ein Mitglied der Courvoisier-Familie im Stab Napoleons I. diente.

- OTARD: Seit 1795 ist die Firma Otard S.A. für die Herstellung von Cognacs bekannt. Der Sitz des Unternehmens befindet sich in einem ehemaligen Königsschloss, dem „Château de Cognac".

Cognac

17-20° C

3-5

Creams

DAS CREMIG-SAHNIGE VERGNÜGEN

Als Creams bezeichnet man sahnig-cremige Liköre, die allerdings nicht mit den Crèmes zu verwechseln sind. Der eine Wortstamm ist englischer Natur, der andere französischer.

Die meisten Creams sind so genannte Emulsionsliköre. Dies bedeutet, dass die Inhaltsstoffe dieser Spirituosen bei der Herstellung zunächst homogenisiert werden müssen, um eine Verbindung eingehen zu können. Zu den wichtigsten Creams zählen die Kaffee-, Schokoladen-, Sahne- und Milchliköre.

Crèmes hingegen nennen sich feine und dickflüssige Liköre, die aus Früchten gewonnen werden (siehe auch unter Fruchtliköre S. 116). Der bekannteste Vertreter dieser Art ist der Crème de Cassis, die Zutat, die jeden Champagner zum Kir Royal adelt.

Café
Oriental
Mokkalikör
Café
Oriental
Mokkalikör
herb-aromatisch
nach
orientalischer Art
21,5% vol. 0,5 l

Während sich die Fruchtliköre durch einen sehr hohen Zuckeranteil auszeichnen, sind die Creams in der Regel weitaus weniger süß.

Zu den bekanntesten Creams zählen Liköre, die auf Whisky-Basis hergestellt werden (siehe auch S. 284). Gleichwohl gibt es eine ganze Reihe weiterer Creams, die weltweit geschätzt werden.

Kaffeelikör

Vor allem die cremigen Liköre auf Kaffeebasis erfreuen sich großer Beliebtheit. Zu den bekanntesten gehören der Tia Maria aus Jamaica und der Kahlúa aus Mexiko. Aber auch in Europa werden Kaffeeliköre hergestellt wie z.B. der Kosakenkaffee.

Die herb schmeckende, dunkelbraune Spezialität wird aus gebrühtem Kaffee oder gerösteten Kaffeebohnen zubereitet. Unterschiedlichste Gewürze unterstreichen dabei den Geschmack der Liköre mit 20 bis 25% vol Alkohol.

Schokoladenlikör

Neben den Kaffeelikören zählen auch die Schokoladenliköre zu den beliebtesten Creams.

Sie sind in der Regel nicht allzu süß. Als alkoholische Basis dienen Weinbrand, Cognac oder Rum. Der Alkoholgehalt liegt bei 20 bis 25% vol und dieser Cream enthält mindestens 220 g Schokolade pro Liter.

Kalter Genuss nach dem Essen

Aufgrund des Sahneanteils sind die Creams nicht als Aperitif geeignet – dafür haben sie eine viel zu sättigende Wirkung. Zu einem Kaffee oder Espresso nach dem Essen aber, oder auch zu Desserts und Eis sind sie ideale Begleiter. Das gilt vor allem für diejenigen Nachtische, die einen ähnlichen Grundgeschmack aufweisen, also z.B. deutlich nach Kakao oder Kaffee schmecken.

Creams trinkt man dabei in der Regel gut gekühlt und serviert sie on the rocks in Likör- oder Whiskygläsern.

Creams

3-8° C

1-3

Eierlikör

Eierlikör gehört sicherlich zu den bekanntesten Likören in Deutschland. Er wird nicht nur gern beim Kaffeekränzchen genippt, sondern ist auch eine feine Beigabe zu Eis oder Desserts. Der auffallend gelbe Likör ist auch unter der holländischen Bezeichnung Advokat bzw. Advocaat bekannt. Er wird aus Eigelb, Zucker und Alkohol (meistens Weinbrand) hergestellt und hat einen Alkoholgehalt von etwa 20% vol.

Fruchtlikör

Süsse Früchte & edelsüsse Getränke

Fruchtliköre sind bzw. haben das „Süße Etwas“, das den Geschmacksnerv vieler trifft – vor allem derjenigen, denen klassische Aperitifs und Digestifs einfach zu trocken oder zu bitter sind. In erster Linie das weibliche Geschlecht ist den Fruchtlikören offensichtlich zugetan – sicherlich nicht auch zuletzt deshalb, weil das Marketing der großen Hersteller besonders auf diese Zielgruppe ausgerichtet ist.

Modeerscheinungen

Apropos Marketing: Bei kaum einer anderen Spirituosengattung sind immer mal wieder ganz bestimmte Getränke „en vogue“. So war beispielsweise in den 70er und 80er Jahren der Apfelkorn ein großes Modegetränk – heute spielt er allerdings nur noch eine untergeordnete Rolle.

Aber jenseits aller Modeerscheinungen gibt es bei den Fruchtlikören viel zu entdecken. Neben den Klassikern wie z.B. dem Kirschlikör überrascht die Industrie immer wieder mit neuen Geschmacksalternativen, die schnell viele Freundinnen und Freunde finden.

Die Welt der Liköre

Im Allgemeinen versteht man unter Likören solche Spirituosen, die mit Zusatz von Zucker und aromatisierenden Stoffen, Pflanzen- oder Fruchtauszügen, Fruchtsäften oder ätherischen Ölen hergestellt werden. Der relativ hohe Zuckergehalt von mindestens 100 Gramm pro Liter prägt dabei den Geschmack.

Der Name „Likör“ leitet sich vom lateinischen Wort „liquor“ ab, was schlicht und einfach „Flüssigkeit“ bedeutet.

Die Geschichte der Liköre reicht bis ins Mittelalter zurück, als man versuchte, heilkräftige Stoffe aus Kräutern mit Hilfe von Alkohol zu extrahieren. Bald kam man darauf, dass diese meist bitteren Getränke durch Zugabe von Honig oder Zucker feiner schmeckten und damit genießbar wurden.

Da die Zuckerpreise früher extrem hoch waren, kamen meist nur die wohlhabenden Schichten in den Genuss von Likören. Nachdem aber der Zucker durch den Kolonialismus ein preiswertes Lebensmittel wurde, vergrößerte sich auch das Spektrum von verschiedenen Likörsorten immer weiter.

Die Fruchtliköre

Heutzutage werden aus fast allen bekannten Früchten – oft unter Zusatz von Kräutern oder anderen Zutaten – die verschiedensten Liköre gewonnen. Der Alkoholgehalt kann dabei sehr stark variieren: Das Minimum liegt bei etwa 15% vol, es gibt allerdings auch Liköre mit 40% vol, oder in Einzelfällen sogar mit 55% vol.

Bei den Likören auf Fruchtbasis unterscheidet man generell zwischen drei verschiedenen Arten: den Fruchtsaftlikören, den Fruchtaromalikören und den Fruchtbrandys.

Fruchtsaftliköre

In Fruchtsaftlikören ist der Saft der jeweiligen namensgebenden Fruchtsorte der wesentliche Geschmacksbestandteil. Dabei sollte der Fruchtsaftgehalt pro 100 Liter fertigem Likör mindestens 20 Liter, also 20%, betragen. Der Alkoholgehalt liegt typischerweise bei ca. 20 bis 25% vol.

Fruchtsaftliköre werden aus folgenden Früchten hergestellt: Ananas, Brombeeren, Erdbeeren, Heidelbeeren, Himbeeren, Johannisbeeren und Kirschen. Bei den Fruchtsorten, deren natürlicher Zuckergehalt eher gering ist, zum Beispiel bei Himbeeren, Johannisbeeren oder Brombeeren, wird manchmal Zuckercouleur zugesetzt.

Zur Herstellung der Fruchtsäfte, auf denen die Liköre basieren, mahlt man die vollreifen Früchte bevor man sie auspresst. Dann lässt man sie kurz angären, um mehr Saft und eine intensivere Farbe zu erzielen. Früchte mit zartem und empfindlichem Aroma, zum Beispiel Erdbeeren oder Himbeeren, sollten allerdings nicht angegärt werden, weil sonst die zarten Aromastoffe durch andere bei der Gärung entstehende Geschmacksstoffe überdeckt werden könnten.

Bei der industriellen Produktion geht man immer mehr dazu über, die Liköre aus Fruchtsaftkonzentraten herzustellen. Das hat den Vorteil, dass weniger Lagerräume oder -gefäße benötigt werden.

Fruchtaromaliköre

Fruchtaromaliköre basieren für gewöhnlich auf anderen Früchten als die Fruchtsaftliköre. Entscheidender Unterschied zwischen den beiden ist, dass es für die Herstellung von Fruchtaromalikören keinen vorgeschriebenen Mindestgehalt an Fruchtsaft gibt. So können sie aus Fruchtsorten hergestellt werden, die weniger saftreich sind und deren typisches Aroma nicht nur aus dem Saft, sondern auch aus anderen Fruchtteilen bezogen werden kann.

Typisch für solche Arten von Früchten sind bspw. Aprikosen, Birnen, Pfirsiche, Quitten oder Hagebutten. Auch aus Zitrusfrüchten, wie zum Beispiel Zitronen, Orangen oder Mandarinen kann man Fruchtaromaliköre gewinnen.

Fruchtbrandys

Fruchtbrandys schließlich sind Fruchtliköre, die aus einem den Geschmack bestimmenden Anteil an Obstbrand bestehen. Dabei müssen 100 Liter des fertigen Likörs mindestens 5 Liter eines 40-prozentigen Obstbrandes enthalten, der aus der namensgebenden Frucht gewonnen wurde.

Da die Bezeichnung „Brandy" mittlerweile einem gelagerten Branntwein vorbehalten ist, dürften Fruchtbrandys ihren Namen eigentlich nicht mehr führen. Für bekannte und etablierte Produkte wie Prune Brandy, Orange Brandy, Apricot Brandy und Cherry Brandy wurden allerdings Ausnahmeregelungen getroffen.

Damit bei den Bezeichnungen keine Missverständnisse entstehen, müssen genaue Etikettierungsvorschriften eingehalten werden. Der jeweilige Name der Frucht muss beispielsweise in Buchstaben gleicher Größe und Farbe auf derselben Zeile des Etiketts neben dem Wort „Brandy" stehen.

Fruchtbrandy hat in der Regel einen Alkoholgehalt von etwa 30% vol.

Apfelkorn

Apfelkorn ist ein Fruchtsaftlikör aus Äpfeln und Getreidealkohol mit einem Alkoholgehalt von etwa 18 bis 20% vol. Meist dient Weizenkornbrand als alkoholische Grundlage.

Farbe und Geschmack des Apfelkorns variieren je nach Sorte der verarbeiteten Äpfel. In der Regel sollte er jedoch von klarer, goldgelber Farbe sein.

Der bekannteste Apfelkorn wird von der Firma Berentzen hergestellt, die mit diesem Produkt ihren großen Durchbruch schaffte. Der Berentzen Apfelkorn kam 1976 in Deutschland erstmals auf den Markt.

Apfelkorn

3-8° C

1-2

Amaretto

Die Einordnung von Amaretto bei den Fruchtlikören mag auf den ersten Blick überraschen, doch im botanischen Sinne sind Mandeln Steinfrüchte – und Mandeln sind die Grundlage für diesen italienischen Likör.

Der herbsüße Amaretto ist einer der bekanntesten Liköre Italiens; er wird aus Bittermandeln und/oder Aprikosenkernen, Kräutern, Vanille und Gewürzen hergestellt. Amaretto hat dabei einen Alkoholgehalt von etwa 25% vol.

Der „Original Amaretto“ und zugleich einer der ältesten und berühmtesten Liköre Italiens ist Di Saronno. Dieses Produkt hat sich schnell international durchgesetzt, ist in über 150 Ländern präsent und erfreut sich noch immer zunehmender Beliebtheit. Seit Beginn ist Di Saronno die überragende Premium-Marke und der weltweit bekannte Marktführer.

Amaretto

2-18° C

1-2

Das Rezept für diesen Amaretto hat sich im Laufe der Jahre nicht verändert: Neben Mandeln werden purer Alkohol, Zucker, 17 unterschiedliche Gewürze und in Aprikosenöl eingelegte Früchte verwendet. Nur das Design der Flasche wandelte sich im Laufe der Zeit. Die heute bekannte Variante des „Di Saronno Originale" entwarf ein Glasbläser aus Murano.

Amaretto genießt man pur oder auf Eis als Digestif, gern aber auch als Hot Drink mit Kaffee oder Espresso. Besonders gut eignet er sich zu Desserts oder Eisvarianten, die mit dem Likör verfeinert werden, wie beispielsweise Tiramisu, dem klassischen italienischen Nachtisch.

APRICOT BRANDY

Apricot Brandy ist ein aromatischer Aprikosenlikör, der auf Basis von Aprikosensaft und Aprikosenbranntwein hergestellt wird. Der Alkoholgehalt dieses Likörs liegt in der Regel zwischen 25 und 30% vol.

Seine Farbe bewegt sich zwischen bernsteinfarben und leicht orange. Im Geschmack ist er sehr mild, mit Aromen von Aprikosen und Mandeln.

Man trinkt Apricot Brandy pur oder auf Eis. Er empfiehlt sich vor

Apricot Brandy

8-18° C

2

Cherry Brandy

8-18° C

2

allem als Begleiter von Desserts, vorzugsweise solchen mit Aprikosengeschmack. Auch zu Eis kann man ihn bestens genießen.

Cherry Brandy

Cherry Brandy ist ein kräftiger Fruchtlikör aus Kirschsaft und Kirschwasser mit einem Alkoholgehalt von 25 bis 30% vol. Dieser vollmundige Likör ist von tiefer kirschroter Farbe und schmeckt nach einem Hauch von Mandel. Er verleiht zahlreichen Drinks den typischen Kirschgeschmack.

Cherry Brandy ist aufgrund seiner Herstellung nicht mit Kirschlikören zu verwechseln – er schmeckt auch anders. Bekannte Hersteller sind vor allem Bols oder De Kuyper.

Cointreau

Dieser französische Edellikör wird aus süßen und bitteren Orangenschalen gewonnen. Die wertvollen ätherischen Öle in den Orangenschalen sorgen für das ganz spezielle, zarte Aroma des Cointreaus. Der Likör ist kristallklar und duftet intensiv nach Orangen. Sein Alkoholgehalt liegt bei 40% vol.

Cointreau stammt aus Angers an der Loire, wo das gleichnamige Unternehmen im Jahre 1849 gegründet wurde. Heute gehört Cointreau zu den weltweit bekanntesten und beliebtesten Likören.

Als typischer Likör ist er vor allem geeignet, um nach dem Hauptgang zum Dessert gereicht zu werden. Üblicherweise genießt man Cointreau on the rocks. Er ist zudem auch Bestandteil vieler Cocktails, wie zum Beispiel White Lady oder Margarita.

Cointreau

8-18° C

2

CRÈME VON FRÜCHTEN

Eine ganze Reihe von Fruchtlikören trägt die Bezeichnung „Crème de...“ gefolgt von den französischen Namen der Früchte, aus denen sie gewonnen werden. Diese Spirituosen sind dickflüssig, aber nicht – wie ein Teil der Creams oder Whiskyliköre – mit Sahne angereichert.

Ein Früchte-Crème wird selten pur genossen. Man verwendet ihn in der Regel dazu, andere Spirituosen geschmacklich aufzuwerten oder zu süßen. Das berühmteste Beispiel ist der Kir Royal, bei dem man einen Crème de Cassis mit Champagner aufgießt.

Zu den wichtigsten Crème-Likören zählen:

Crèmes

8-18° C

1-3

- CRÈME DE BANANE: Ein Crème de Banane wird aus vollreifen und aromatischen Bananen hergestellt. Dieser goldgelbe, klare Likör hat neben seinem Bananenaroma auch eine dezente Note von Vanille und Mandeln. Er besitzt einen Alkoholgehalt von 25 bis 30% vol.

- CRÈME DE CASSIS: Der aus Dijon stammende Crème de Cassis ist wohl einer der weltweit bekanntesten Liköre seiner Gattung. Die schwarzrote Spirituose hat ein kräftiges Aroma und schmeckt besonders würzig. Hergestellt wird er aus dem Branntwein, Cassis und dem Saft schwarzer Johannisbeeren, die ihm seine dunkelrote Farbe verleihen.

- CRÈME DE COCO: Crème de Coco ist ein milchig weißer Kokosnusslikör, der aus Kokosmark, Kokosmilch und Mandeln auf Basis von hellem Rum hergestellt wird. Er hat einen Alkoholgehalt von etwa 25% vol.

- CRÈME DE FRAISE: Crème de Fraise ist ein gehaltvoller, aromatischer Erdbeerlikör von zartrosa bis roter Farbe. Sein Geschmack wird mit Gewürzen fein abgestimmt. Er hat einen Alkoholgehalt von 15 bis 20% vol.

- CRÈME DE FRAMBOISE: Crème de Framboise ist ein besonders lieblicher Himbeerlikör mit feinem Aroma. Er ist kräftigrot in der Farbe und hat einen Alkoholgehalt von etwa 20 bis 25% vol.

- CRÈME DE MENTHE: Crème de Menthe ist ein Likör mit erfrischendem Duft und Pfefferminzgeschmack. Er ist

VÉDRENNE
LIQUEUR
CRÈME DE CASSIS
SUPERCASSIS
NUITS-ST-GEORGES
VÉDRENNE
Les Royales de NUITS-SAINT-GEORGES
Supercassis
VÉDRENNE
Les Royales de
Crème de Mûrelle
VÉDRENNE

Curaçao

8-18° C

2

entweder farblos, grün oder hellrot. Bekannte Hersteller sind De Kuyper, Bols und Marie Brizard.

- CRÈME DE NOYAUX: Crème de Noyaux ist ein französischer Likör mit etwa 20% vol Alkohol. Sein Name leitet sich vom französischen Wort „noyaux“ ab, was soviel wie „Obstkerne“ bedeutet. Tatsächlich basiert dieser nach Mandeln und Nüssen schmeckende Likör mit dem kräftigen Aroma unter anderem auf Auszügen aus Kirschkernen, Nüssen, Mandeln, Bittermandeln, Pinienkernen und Aprikosenkernen.

CURAÇAO

Curaçao ist ein Fruchtlikör aus den Schalen der Curaçao-Früchte. Diese ähneln den Pomeranzen, haben aber einen noch ausgeprägteren herb-bitteren Charakter.

Es gibt Curaçao in mehreren Sorten, zum Beispiel Curaçao Triple Sec, Blue Curaçao oder Orange Curaçao. Der Alkoholgehalt variiert je nach Sorte zwischen 20 und 40% vol.

Der Curaçao Triple Sec ist ein farbloser Likör. Er ist besonders trocken und mit seinem hohen Alko-

holgehalt von 35 bis 40% vol ist er der stärkste unter den Curaçao-Likören.

Blue Curaçao ist ebenfalls ein Likör mit Orangenaroma, auch wenn er durch seine intensive blaue Farbe nicht danach aussieht. Diese entsteht durch Zusatz eines blauen Farbstoffs. Blue Curaçao hat einen Alkoholgehalt von 20 bis 25% vol.

Der Orange Curaçao ist von orangeroter Farbe und wird auf Rumbasis hergestellt. Er hat etwa 25% vol Alkohol.

Curaçao wird hauptsächlich zum Färben oder zur geschmacklichen Abrundung von Cocktails verwendet. Bekannte Hersteller sind Bols, Marie Brizard, Monin oder De Kuyper.

GRAND MARNIER

Grand Marnier ist neben Cointreau sicherlich der international bekannteste französische Likör. Das goldgelbfarbene Destillat wird auf Basis von feinstem Cognac, Orangenschalen, -blüten und -saft hergestellt. Sein Alkoholgehalt liegt bei 40% vol.

Der Edellikör wurde 1880 von Alexandre Marnier-Lapostolle erfunden. Er entwickelte sich schnell zu einer der beliebtesten Spirituosen Europas. Neben dem klassischen hellgelben Marnier gibt es heute auch eine dunklere, rötlich-orangefarbene Variante, den Grand Marnier Cordon Rouge.

Grand Marnier

8-18° C

2-3

Genießt man den Likör pur, beispielsweise als Digestif nach einem guten Essen, dann greift man am besten zu einem Schwenker. Hier kann sich das einzigartige Bukett besonders gut entfalten.

Grand Marnier schmeckt aber auch auf Eis oder gemischt mit Orangensaft, Tonic Water oder Sekt. In dieser verdünnten Form ist er sehr erfrischend und eignet sich so auch als Aperitif.

Kirsch-likör

8-18° C

1-3

KIRSCHLIKÖR

Der Kirschlikör zählt zu den beliebtesten seiner Gattung – und das aus gutem Grund: Der tiefrote Fruchtsaftlikör verbindet dezente Süße mit feinherbem Fruchtaroma. Die Kirschspirituose weist dabei einen Alkoholgehalt von 15 bis 25% vol auf.

Man trinkt Kirschlikör gerne pur und leicht gekühlt – und kann ihn sowohl vor dem Essen als auch zum Dessert genießen. Zudem schmeckt er auch als Longdrink auf Eis.

Das Angebot an Kirschlikören ist dabei recht groß und in jedem europäischen Land gibt es bestimmte Vorlieben. Die wichtigsten Marken sind:

- ECKES EDELKIRSCH: Der Klassiker unter den Kirschlikören und der Inbegriff für seine Gattung im deutschsprachigen Raum. Das Destillat gibt es schon seit 1931. Eckes Edelkirsch schmeckt fruchtig-frisch mit einer leicht herben Note.

- CHERRY HEERING: Dieser dänische Kirschlikör wird von der Firma Peter F. Heering in Kopenhagen hergestellt, deren Geschichte sich bis 1818 zurückverfolgen lässt. Er wird noch immer nach dem alten Familienrezept produziert.

- KIRSBERRY: Der Kirschlikör Kirsberry war das erste Produkt der Firma Torben Anthon A/S, die 1855 als T. Jespersen & Co. in Kopenhagen gegründet wurde.

- MARASCHINO: Beim Maraschino handelt es sich ebenfalls um einen Kirschlikör. Der klare Likör wird aus den besonders aromatischen Maraska-

Kirschen und hochprozentigem Kirschbranntwein hergestellt. Die dabei zum Teil mitverarbeiteten Kirschkerne verleihen dem Likör zudem ein zartes Mandelaroma. Maraschino besitzt einen Alkoholgehalt von etwa 30 bis 35% vol.

Mara-schino

8-18° C

1-3

Bereits vor über 200 Jahren wurde der Maraschino in Zadar, der alten Hauptstadt Dalmatiens, von Francesco Drioli erfunden. Ein bekannter Hersteller von Maraschino-Likör ist heute die Firma Luxardo. Nur sie darf ihr Produkt „Original Maraschino" nennen. Nach wie vor sorgen die sorgfältige Auslese der Maraska-Kirschen, die dreifache Destillation und die lange Reifezeit in Eschenfässern für die berühmte Luxardo-Qualität.

MARACUJALIKÖR

Maracujalikör ist ein Fruchtsaftlikör aus Maracujas, die auch unter dem Namen Passionsfrüchte bekannt sind. Manche Sorten dieses Likörs sind naturtrüb, andere klar. Der Alkoholgehalt liegt je nach Hersteller zwischen 20 und 25% vol. Bekannt sind vor alle zwei Marken:

- JAMBOSALA: Dieser Likör wurde 1971 von der Firma G. Veeter aus Wunsiedel auf den deutschen Markt gebracht. Jambosala trug seinen Teil zum Boom fruchtiger Longdrinks bei. Er ist eine beliebte Grundzutat für exotische Drinks und lässt sich hervorragend mit Spirituosen aller Art, aber auch mit Säften und Limonaden mixen.

- PASSOA: Dieser milde, hellrote Fruchtlikör zeichnet sich durch eine dezente Süße und ein leicht bitteres, besonders fruchtiges Maracujaaroma aus. Er wurde 1986 von der französischen Firma Cointreau S.A. als fruchtiger Likör mit geringem Alkoholgehalt entwickelt. Mit diesem Produkt wollte man einem „modernen" Likörgeschmack entgegenkommen.

Maracuja-likör

8-18° C

1-3

Marillenlikör

Marillen- oder Aprikosenlikör ist ein Fruchtlikör auf Basis von vollreifen Aprikosen. Marillen gehören zu den wertvollsten Früchten für Obstdestillate und Likörherstellung. Marillenlikör ist fruchtig-frisch im Geschmack und weist einen Alkoholgehalt von etwa 30% vol auf.

Der bekannteste Marillenlikör ist der „Wachauer Gold-Marillenlikör", der in der österreichischen Wachau rund um die Stadt Krems hergestellt wird. Farbe und Aroma dieser Spezialität stammen ausschließlich aus selbstgepresstem Marillensaft.

Pfirsichlikör

Pfirsichlikör – mit Eis und Limone ein erfrischender Aperitif – ist in den meisten Fällen ein Fruchtlikör aus vollreifen Pfirsichen mit einem Alkoholgehalt von 15 bis 20% vol.

Bei der Herstellung einiger Pfirsichlikörarten werden die Kerne mitverarbeitet, was auch dieser Likörart eine leichte Mandelnote verleiht. Zu den bekannteren Marken zählen vor allem Peche Mignon und Pepino Peach.

Ein Revival erlebt mittlerweile auch der Persico, der Kult-Pfirsichlikör der 70er Jahre. Zwischenzeitlich war er verboten, weil bei der Verarbeitung von Steinobst unbeabsichtigt Blausäure freigesetzt wurde. Die heutige Rezeptur ist verändert und der Persico wieder da.

Weitere Fruchtliköre

Der Markt der Fruchtliköre ist ständig in Bewegung. Immer wieder probieren die großen Hersteller neue Arten aus. Dabei werden sowohl alte Bekannte wie beispielsweise der Kirschlikör geschmacklich neu abgestimmt und unter peppigen Namen vermarktet.

Hinzu kommen Liköre von Früchten, die nicht zu den Klassikern gehören. So fehlt in Deutschland seit einigen Jahren der „Kleine Feigling" auf keinem großen Volksfest: ein Likör im Mini-Fläschchen, der nach Feige schmeckt. Wer sich umschaut, findet aber auch andere „Exoten" wie z.B. Likör auf Wassermelonenbasis vom Traditionshaus Marie Brizard.

Pfirsichlikör

8-18° C

1-3

IMPORTED
FROM GREAT BRITAIN
BY APPOINTMENT TO
HER MAJESTY THE QUEEN
TANQUERAY GORDON
GORD
1769
ESTD
TRADE MARK

Gin/Genever

Wacholderbrände

Die Bezeichnungen Gin und Genever leiten sich von dem französischen Wort „genièvre" für Wacholder ab, und tatsächlich sind beides Branntweine, die unter Verwendung von Wacholderbeeren hergestellt werden. Die Herstellungsverfahren unterscheiden sich im Detail – was sich aber auch herausschmecken lässt.

Zwar ist der Gin heute weitaus bekannter, auf eine weitaus längere Tradition aber kann der Genever zurückblicken.

Wacholderbranntwein

Wacholderbranntwein ist ein Oberbegriff, zu dem neben Genever und Gin auch der in Deutschland hergestellte Steinhäger zählt. Steinhäger ist inzwischen ein Gattungsbegriff; „Echter" oder „Original" Steinhäger jedoch muss aus Steinhagen im Kreis Gütersloh stammen. Hier wird er seit dem 15. Jahrhundert hergestellt. Zunächst war die Herstellung nur für den Eigenbedarf erlaubt; 1688 erhielt die Gemeinde Steinhagen die offizielle Erlaubnis, den Wacholderbranntwein in größerem Umfang zu produzieren. Mitte des 18. Jahrhunderts wurde der Steinhäger bereits in viele Gegenden verschickt. Damals kamen die Wacholderbeeren aus der umliegenden Heide – mittlerweile werden sie aus der Toskana importiert. Der Mindestalkoholgehalt für Steinhäger liegt bei 38% vol.

Genever: Oranjes Nr.1

Der Genever gehört zu den wenigen typischen Getränken, die es nicht vermochten, ihre einstige umfassende Weltbedeutung bis in die heutige Zeit zu bewahren. Vielmehr haben wir es hier mit einer holländischen Spezialität zu tun, die heute nur noch lokal bedeutenden Charakter hat. Es ist sozusagen das „Nationalgetränk“ in den Niederlanden und bestreitet dort aber immerhin über 50 Prozent des gesamten Spirituosenkonsums.

Lange Geschichte

Gebrannt wird Genever (oder Jenever) seit dem Ende des 15. Jahrhunderts. Erstmals wurde er im holländischen Ort Schiedam bei Rotterdam erzeugt, und bis heute kommen die besten Produkte von dort. Die holländische Firma Erven Lucas Bols erhebt den Anspruch, die erste Firma zu sein, die Genever hergestellt hat.

Schiedam ist bis heute ein Hauptort der Geneverproduktion geblieben, da hier der so genanntc Moutwijn (sprich: Mautwein), das Ausgangsprodukt für alle Genevererzeugnisse des Landes, hergestellt wird. Der Ortsname führte auch zu der Bezeichnung Schiedamer, die zum Synonym für Genever geworden ist.

Genever wird heute in aller Welt gebrannt. Die beste Qualität kommt aber nach wie vor aus Holland, da nur hier die Verwendung von Moutwijn gesetzlich vorgeschrieben ist. Der Mindestalkoholgehalt beträgt dabei 38% vol.

OUDE UND JONGE GENEVER

Man unterscheidet zwischen Oude (altem) und Jonge (jungem) Genever. Diese Bezeichnungen beziehen sich jedoch nicht etwa auf die Dauer der Lagerung, sondern auf das Herstellungsverfahren: Oude bedeutet „nach alter Art“.

Oude Genever wird unter Verwendung von relativ viel Moutwijn erzeugt. Moutwijn ist ein aromatisches Brennereiprodukt aus einer Maische, bei der Gerstenmalz, Roggen und Mais zu drei etwa gleichen Teilen verwendet werden. Diese Maische wird vergoren und in drei aufeinander folgenden Brennvorgängen destilliert.

Hierbei müssen spätestens beim letzten Brennvorgang die Geschmacksträger (Wacholder, Kümmel, Anis, Koriander) zugesetzt werden.

Alter Genever hat einen Anteil von mindestens 5% Moutwijn. Dadurch erhält er seinen charakteristischen, malzig-kornigen Geschmack. Andere Aromastoffe, auch der Wacholder, treten nur gering hervor. Nach der Lagerung wird Oude Genever mit mindestens 38% vol Alkohol in Flaschen abgefüllt.

Jonge Genever wird auf derselben Grundlage hergestellt. Er enthält jedoch viel weniger Moutwijn. Beim jungen Genever handelt es sich um einen aromatischen, milden Trinkbranntwein, der eine leichte Korn- und Wacholdernote aufweist.

GENEVER SPEZIALITÄTEN

In Holland sind vor allem folgende Geneverspezialitäten beliebt:

- CITRONENJENEVER: Halbsüßer Genever mit ausgeprägtem Zitronengeschmack; wird ausschließlich in Holland erzeugt; 38% vol.
- BESSENJENEVER: Gemisch aus Genever und Fruchtsaft, meist Johannisbeersaft; wird ausschließlich in Holland erzeugt; 38% vol.
- DESSENJENEVER: Leicht süßlicher Genever; auch er wird ausschließlich in Holland erzeugt und hat zwischen 38 und 43% vol.

GENUSS MIT ZEIT UND RUHE

So wie die Deutschen ihren „Klaren", trinken die Niederländer ihr Nationalgetränk gern zu Bier sowie vor und nach dem Essen, und zwar eisgekühlt. Genever passt dabei besonders gut zu Fisch und Käse.

Genever, auch „Oude Klaare" genannt, wird nicht heruntergekippt, sondern langsam getrunken. Nur so kann sich sein Aroma voll entfalten.

Der Genever wird randvoll in die typischen Tulpengläser gefüllt. In Holland ist es nämlich erlaubt (und wegen des übervollen Glases sogar notwendig), den ersten Schluck „vom Tisch" zu nehmen.

Gin/ Genever

3-8° C

2

Die bekannten Genever-Produzenten

DE KUYPER: Der größte Likörhersteller der Welt, De Kuyper in Schiedam/ Rotterdam, produziert diesen den Firmennamen tragenden Genever. Das 1695 gegründete Unternehmen wurde 1995, anlässlich seines 300-jährigen Jubiläums, von Königin Beatrix zum „Royal Distiller" ernannt. De Kuyper „Oude Jenever" besticht durch seinen reichen, mildwürzigen Geschmack. De Kuyper „Jonge Jenever" zeichnet sich durch seinen feinen, milden Charakter und eher leichten, neutralen Geschmack aus.

BOLS: Bols ist in Holland zum Synonym für Genever geworden. Im Jahre 1575 eröffnete Lucas Bols einen kleinen Brennbetrieb am Stadtrand von Amsterdam. Bis 1815 war das Unternehmen in den Händen der Familie Bols. In jenem Jahr erlosch die direkte Linie, und der Firmenname wurde in „Erven Lucas Bols" umgewandelt. Die heutige Abfüllkapazität liegt bei rund 250 000 Krügen und Flaschen – täglich!

BOKMA: Für viele Kenner zählt der Bokma Genever zu den besten Wacholder-Branntweinen seiner Art.

Gin: Der britische Genever

Gin gilt heute allgemein als englische Spirituose, obwohl er eigentlich aus Holland stammt. Gin ist nämlich sozusagen ein „Abkömmling“ des Genevers.

Als Wilhelm III. von Oranien 1689 den englischen Thron bestieg, brachte er aus seiner Heimat den Genever mit. Gleichzeitig belegte er kontinentale, vor allem französische Alkoholika mit hohen Sondersteuern, erlaubte aber den Engländern, steuerfrei Wacholder-Schnaps zu brennen.

Erst einmal in England destilliert, begann der Genever sein angelsächsisches Eigenleben. Sein Name wurde zu Gin verkürzt, und es setzte ein wahrer Run auf das Getränk ein. Die englischen Seeleute schätzten ihn ganz besonders, und durch sie wurde letztlich der Gin in aller Welt bekannt.

Ein Erlass aus dem Jahre 1690 legte fest, dass die Herstellung von Gin nur aus in England gewachsenem Getreide erfolgen dürfe. Und die Engländer wären nicht Engländer, hätten sie nicht aus dem „importierten“ Getränk ein typisch „britisches“ gemacht: eine Spezialität, die sich natürlich in Details auch in der Herstellung von dem holländischen Vorbild unterscheidet.

Herstellung

Die Herstellung erfolgt ähnlich der des Genevers, allerdings kommt beim Gin das Wacholderaroma wesentlich stärker hervor. Die englischen Gins werden durch Destillation einer vorgegorenen Maische hergestellt, die sich aus 75 % Mais, 15 % Malz und 10 % Roggen zusammensetzt.

Dem Alkohol werden zur Aromatisierung Wacholderbeeren, Koriander, Zitrusschalen, Mandeln, Zimt, Lavendel, Anis, Kümmel und manchmal auch weitere Zutaten zugesetzt.

Nach der Destillation wird die Flüssigkeit verdünnt. Der Gin ist nun ohne Lagerung trinkfertig. Einige Firmen lagern ihn jedoch noch in alten Sherryfässern, um ihm eine bräunliche Färbung zu geben.

Man unterscheidet zwei Arten von Gin: „Dry Gin" und „Old Tom Gin". Dry Gin (auch „London Dry Gin") darf keinen Zucker enthalten und hat einen Alkoholgehalt von mindestens 40% vol. Old Tom Gin (auch „Plymouth Gin") ist mit Zuckersirup gesüßt. Außerdem gibt es aromatisierte Gin-Typen mit Zusätzen von Orangen, Zitronen oder Schlehen, wie den „Sloe Gin".

Gin und seine Trinkzutaten

Gin wird von seinen Fans gerne on the rocks getrunken – sehr gern auch mit einer Limetten- oder Zitronenscheibe. Die Liebhaber genießen ihn dabei auch als erfrischenden, kalten Aperitif; aufgrund seines Alkoholgehaltes ist er aber eher nach dem Essen zu empfehlen.

Weltweit wird Gin vor allem als Basis für Cocktails geschätzt. Das erste Mixgetränk der Spirituosengeschichte übrigens war der „Pink Gin" (Gin mit ein paar Tropfen Angostura, mit Eiswasser verdünnt). So wenig Cocktails sich im Allgemeinen als Aperitifs eignen, so ist der „Dry Martini" eine der berühmten Ausnahmen, die diese Regel bestätigen.

Dry Martini

Für einen Dry Martini – man kann auch Martini Dry sagen – benötigt man 6–8 cl Gin, 1 cl trockenen Vermouth (z.B. einen Noilly Prat) sowie eine Olive oder einen Streifen Zitronenschale. Die flüssigen Zutaten füllt man in ein mit vielen Eiswürfeln gefülltes Rührglas und rührt dann, bis die Kälte durch das Glas spürbar wird. Serviert wird der Martini Dry in einer Cocktailschale. Die Olive legt man mit einem Zahnstocher auf oder gibt die Zitronenschale in das Glas.

Die grossen Gin-Marken

GORDON'S: Die Brennerei wurde im Jahre 1769 von Alexander Gordon im Norden Londons gegründet. Heute ist die Destillerie mit der Hausmarke „Gordon's London Dry Gin" die größte Gin-Marke der Welt. Alkohol: 40% vol. Übrigens wird das Wasser, das für das Brennen benötigt wird, immer noch aus einer unter der Destillerie gelegenen Quelle bezogen.

BOOTH'S: Die Booth's Distilleries, 1740 in Clerkenwell/London gegründet, zählt zu den ältesten Gin-Herstellern Englands. Booth's Gin, dessen Markenzeichen der „Red Lion" ist, wurde 1915 vom Getränke-Department des House of Lords für den Bedarf seiner Mitglieder ausgewählt. Daraufhin wurde die Marke „House of

Lords" eingeführt. Der sehr trockene Booth's High & Dry London Dry Gin hat 40% vol Alkohol.

- PLYMOUTH'S: Die Erfahrung des englischen Hauses Coates & Co. in Plymouth mit der Gin-Produktion reicht bis in das Jahr 1793 zurück. 1965 übernahm der italienische Stock-Konzern das Unternehmen. Auf dem Etikett wurde aus Plymouth-Gin die Kurzfassung „Plym Gin". Die Rezeptur entspricht dem Original des englischen Hauses. Alkohol: 40% vol.

- BEEFEATER: Beefeater ist der weltweit führende Import-Qualitäts-Gin. Er wurde im Jahre 1820 vom Pharmazeuten James Burrough kreiert. Aus einer perfekten Mischung von Kräutern und verschiedenen Getreidesorten stellte er einen charakteristischen, aromatischen Gin her. Den Namen Beefeater – die Bezeichnung der Tower-Bridge-Wächter – wählte Burrough, um damit Tradition und Ansehen zu präsentieren. Bis heute ist Beefeater-Gin ein Familienbetrieb.

- FINSBURY: Auch dieser Gin zählt zu den international bekannten Wacholder-Branntweinen. Seine Freunde schätzen den runden, harmonischen und ausgewogenen Geschmack. Entsprechend groß ist seine Beliebtheit.

Grappa

VOM SCHNAPS ZUM EDEL-DIGESTIF

Wohl keine andere Spirituose hat in den letzten 20 Jahren eine derartige Karriere in den Digestif-Regalen rund um den Globus gemacht wie der Grappa: Ist diese italienische Variante des Tresterbrandes heute aus keinem Luxusrestaurant mehr fortzudenken, so hatte sie noch Mitte des 20. Jahrhunderts den Ruf eines einfachen Bauernschnapses.

Dass sich das Image des Grappas derart gewandelt hat, hat zahlreiche Gründe: Neue Destillerieverfahren haben die Geschmacksvielfalt enorm erweitert. Pioniere wie der legendäre Romano Levi aus dem Dörfchen Neive im Piemont konnten so exquisiteste Brände schaffen, die clevere Marketingstrategen weltweit vermarkten.

Levi selbst wurde zum Kult – und mit ihm der Grappa. Im Fahrwasser seines Erfolgs wurden unzählige neue Destillerien gegründet, die heute zu einem fast unüberschaubaren Angebot an unterschiedlichsten Bränden geführt haben.

grappa
cru
monovitigno®
picolit
NONINO
distillatori in Friuli dal 1897
in barriques
lo Chardonnay di
NONINO
GRAPPA
monovitigno
il Moscato di
NONINO
GRAPPA
monovitigno
VUISINÂR
1998
grappa
affinata in botti di
ciliegio selvatico
NONINO

FEINSTE FLASCHEN UND FEINSTE BRÄNDE

Wie sehr die Erfolgsstory des Grappas auch eine Erfolgsstory des Marketings ist, zeigt sich an den unglaublich vielen Flaschenkreationen, in denen sich viele Brände präsentieren: Die feinen Glasverpackungen suggerieren, dass der Inhalt vom Feinsten und damit auch der dafür verlangte hohe Preis gerechtfertigt ist.

Doch allzu oft ist das Gegenteil der Fall. Fast durch die Bank gilt: Je auffälliger und aufgesetzter die Flaschenkreationen sind, desto mittelmäßiger fallen die Brände aus, die darin zu finden sind. Wobei man fairerweise dazu sagen muss, dass Ausnahmen – wie beispielsweise die feinwandigen Flaschen von Jacopo Poli – die Regel bestätigen.

Doch auch wenn nicht alles Gold ist, was aus den italienischen Grappa-Destillerien zu Tage gefördert wird: Das Angebot an Spitzengrappa ist groß. Für jede Geschmacksvorliebe finden sich zumeist gleich mehrere Alternativen.

Das Spektrum reicht von unglaublich milden Bränden über sämig-ölige Spirituosen bis hin zum würzigen, vollmundigen Grappa. Und noch immer stürmen junge, unbekannte Winzer mit ihren Erzeugnissen den Grappa-Himmel und sorgen so dafür, dass es immer wieder Neues zu entdecken und zu loben gilt.

VON DER TRAUBE ZUM TRESTERBRAND

Jeder Grappa – wie auch der Marc oder der deutsche Tresterbrand (siehe auch S. 194) – entsteht eigentlich aus einem Abfallprodukt der Weingewinnung: Nach dem Pressen der Weintrauben bleibt ein wie süßer Most duftender Brei aus Schalen, Stielen und Stängeln zurück – der Trester, auch Treber genannt.

So liegt es auf der Hand, dass die Qualität eines Grappas zu allererst von der Qualität der Weintrauben bestimmt wird. Geschmacksprägend sind dabei natürlich vor allem die Rebsorten.

Da auch in Italien heute weltweit gut vermarktbare Trauben wie der Chardonnay, die Sauvignon-Arten Cabernet und Blanc Sauvignon oder die Pinot-Sorten Noire und Gris angebaut werden, werden auch die meisten Grappas aus diesen Rebsorten destilliert.

Durch geringere Hektarerträge steigern die Winzer zunehmend die Qualität ihrer Weine, die so mehr Extrakte und Fülle besitzen – mit dem angenehmen Nebeneffekt, dass Gleiches auch für den Trester gilt.

Die Qualität des Tresters ist dabei unwillkürlich nicht nur mit der Art der Traube, sondern auch mit der Art der Weingewinnung verbunden. Bei Weißweinen z.B. wird die Traube oft sofort nach dem Lesen gekeltert, damit sich die Gerbstoffe der Schalen gar nicht erst lösen können.

Bei Rotweinen hingegen wartet man bewusst länger, damit die Maischegärung einsetzt. Dadurch lösen sich die Tannine und Farbstoffe der Schalen – der Trester wird geschmacksintensiver. So unterscheidet der Brenner drei Arten von Trester: den naturreinen, den halbvergorenen und den vergorenen Trester.

Die meisten Destillerien setzen vergorenen Trester ein, dessen Most bis zum Ende der Fermentation auf der Maische belassen wird. Dann setzt man Hefekulturen an, die es ermöglichen den Trester zu brennen.

DIE ZWEI BRENNTECHNIKEN

Neben der Qualität des Tresters bestimmt die Art der Destillation nachhaltig die Güte des Grappas. Dabei unterscheidet man zwei Verfahren, wie nach der Umwandlung des Traubenzuckers in Alkohol mit dem so gewonnen Wein verfahren wird:

- DISKONTINUIERLICHE DESTILLATION
  Der vergorene Trester wird im Kessel – der so genannten Brennblase – erhitzt. Das aufsteigende Kondensat fängt man auf, kühlt es ab und gewinnt so eine hochprozentige Flüssigkeit. Das Verfahren wird bei vielen Spirituosen angewendet, beim Trester jedoch taucht das Problem auf, dass dieser schnell am Kesselboden anbrennt – und darunter leidet der Geschmack. Um dies zu vermeiden, wird der Trester entweder in speziellen Kesseln oder durch Dampf erhitzt. Insgesamt ist diese Methode sehr aufwändig und erfordert viel Können.

- KONTINUIERLICHE DESTILLATION
  Dies ist die industrielle Form der Grappagewinnung: Der Trester durchläuft verschiedene Kammern, wobei ein kompliziertes System von Heiz- und Kühlkammern automatisch ein gleichbleibendes Produkt erzeugt.

Die meisten Grappas kommen direkt nach der Destillation als junge, klare Brände in den Handel. Einige Brennmeister füllen sie jedoch zunächst in Holzfässer ab, um den Grappa geschmacklich durch die Holztannine zu bereichern. Die Destillate verbleiben dann mindestens ein halbes Jahr im Fass und nehmen dabei eine goldbraune Farbe an.

Dabei ist es nicht so, dass fassgelagerter Grappa zwangsläufig besser sein muss als klarer. Bei beiden Arten gibt es hervorragende und weniger gelungene Destillate. Fast alle Destillerien bieten beide Qualitäten an, die zudem aus unterschiedlichen Trauben und Trestern gewonnen werden. So gibt es auch bei den bekannten Marken ein breiteres Spektrum an verschiedenen Geschmacksvarianten.

Bekannte Grappamarken

- ANDREA DE PONTE: Sehr gute international bekannte Grappas.
- CAPRAI: Umbrisches Weingut, auf dem Spitzengrappas destilliert werden.
- GAJA: Ökologischer Kult-Winzer, der hervorragenden Trester destilliert.
- JULIA: Der Markengrappa aus dem Stock-Konzern – wohl der größte Grappa-Produzent Italiens.
- LEVI: Die wenigen, handbeschrifteten Flaschen der Grappa-Legende sind Kult – schwer zu bekommen und teuer zu bezahlen.
- NARDINI: Die älteste Brennerei Veneziens destilliert verschiedene gute und preiswerte Trester.
- NONINO: Das Familienunternehmen erzeugt teure Spitzengrappas mit Weltruf – mit das Beste, was Italiens Destillerien zu bieten haben.
- POLI: Exquisites Angebot an Spitzengrappa verschiedener Trauben, die weltweit hervorragenden Ruf genießen.
- RONER: Auch der Spezialist für Obstbrände aus Südtirol destilliert sehr gut trinkbare Grappas.

Grappa

18-20° C

3-5

Honiglikör

VOM MET ZUM HONIGLIKÖR

Es heißt, der Brauch, Alkoholisches aus Honig zu bereiten, existiere bereits seit Urzeiten. Schon die alten Germanen kannten den Met, eine Art Wein, bestehend aus Wasser und dem Honig von Waldbienen. So gilt er als das wohl älteste alkoholische Getränk der Menschheit.

Während der Met im 12. Jahrhundert zunehmend von Wein und Bier verdrängt wurde, erlebte der Honig in den Destillationsstuben der Klöster eine Renaissance:

Die Mönche verfeinerten den Geschmack von verschiedenen Kräuterelixieren durch Zugabe von Honig. Dadurch wurden sie so schmackhaft, dass sie nicht mehr nur zu heilenden Zwecken eingesetzt wurden, sondern auch ihren Einzug in die Gaststätten hielten. Die so genannten Honigliköre entstanden.

Für die Herstellung der süß-bitteren Getränke sind besonders der aromatische Heidehonig sowie der Lindenblütenhonig geeignet, aber auch Akazien- und Rapshonig kommen zum Einsatz.

Nur reiner Honig darf verwendet werden

Ein Honiglikör enthält etwa 25 Prozent Bienenhonig, wobei Zusätze von Kunsthonig oder künstlichem Honigaroma untersagt sind. Der Mindestalkoholgehalt beträgt etwa 15% vol, wird aber oftmals weit überschritten.

Die süßen Honigliköre kann man pur sowohl als Aperitif als auch als Digestif servieren. Neben diesen klassischen Varianten bieten Honigliköre außerdem ein breites Spektrum anderer Verwendungsmöglichkeiten: So kann man mit ihnen beispielsweise ein Eis-Dessert verfeinern oder heißen Tee aromatisieren. Honiglikör schmeckt außerdem als Honig-Grog oder mit Milch.

Bekannte Marken

Der bekannteste Honiglikör ist wohl der Bärenfang. Dieser auch Petzfang genannte Likör stammt ursprünglich aus Ostpreußen. Er wird aus Honig und Primasprit hergestellt und weist einen Alkoholgehalt von 30 bis 35% vol auf.

Außerdem gibt es einige bekannte Whiskyliköre, die mit Honig gewürzt werden. Dazu zählen unter anderen Drambuie und Irish Mist. Diese Marken werden im Kapitel „Whiskylikör" näher beschrieben (siehe S. 284).

Honig-likör

8-18° C

1-3

Kornbrand

„Ein Körnchen in Ehren...

... darf niemand verwehren.“ Dieser alte deutsche Spruch zeigt, welchen Stellenwert der Kornbranntwein in seinem Heimatland Deutschland einnimmt. Denn so typisch wie Whisky für Schottland oder Cognac für Frankreich sind, so kann der Korn als ein deutsches Nationalgetränk betrachtet werden.

Im Gegensatz zu anderen weltweit bekannten Spirituosen ist er jedoch eine deutsche Spezialität geblieben; außerhalb dieses Sprachraums ist er kaum verbreitet. Ein Grund dafür mag in der Tatsache liegen, dass der Korn so gut zum Bier passt – und im Biertrinken sind die Deutschen ja „Weltmeister“.

Lange Geschichte

Zu seiner Beliebtheit in seinem Heimatland hat sicherlich die enge Beziehung zwischen Alkoholherstellung und Landwirtschaft beigetragen. Denn in den vielen deutschen Landstrichen, in denen Getreide angebaut wird, brennt man auch seit rund 500 Jahren das Korn zu Schnaps.

Bereits Ende des 15. Jahrhunderts wurde von einigen häuslichen Brennereien Kornbranntwein hergestellt. Urkundliche Er-

wähnung findet der Korn erstmals im Jahre 1507. Damals galt er als Allheilmittel und wurde fast ausschließlich im medizinischen Bereich angewendet und in Apotheken verkauft. Heute ist Kornbranntwein neben Weinbrand die meistgetrunkene Spirituose in Deutschland.

Genaue gesetzliche Regelungen

Die Herstellungsvorschriften für Kornbranntwein sind gesetzlich genau festgelegt. So darf unter den Bezeichnungen Korn, Kornbranntwein und Kornbrand sowie unter Bezeichnungen

Alles klar?!

Beim so genannten „Klaren" ist die Herkunft des Alkohols nicht bekannt – er kann also aus Alkohol jeder Art hergestellt werden. Der Mindestalkohol des Klaren liegt bei 32% vol. Wird zu seiner Herstellung ausschließlich aus Wein gewonnener Alkohol verwendet, darf darauf hingewiesen werden.

mit den Wortbestandteilen Korn, Weizen, Roggen oder Getreide nur solcher Branntwein in den Handel gebracht werden, der ausschließlich aus Roggen, Weizen, Buchweizen, Hafer oder Gerste hergestellt ist – und zwar in Deutschland oder Österreich.

Korn muss dabei einen Alkoholgehalt von mindestens 32 Prozent aufweisen, während es bei Doppelkorn, Kornbrand, Tafelkorn oder Edelkorn 38 Prozent sein müssen. Letztere unterliegen dem gleichen Herstellungsverfahren und unterscheiden sich nicht in der Qualität, sondern lediglich im Alkoholgehalt. Wird ein Korn als „alt" deklariert, so muss das Produkt eine Mindestlagerzeit von sechs Monaten aufweisen.

Einige Kornbranntweine haben einen gelblichen Farbton; dieser entsteht durch die Lagerung in Eichenholzfässern. Der größte Teil der Kornbranntweine ist jedoch wasserklar. Korn wird deshalb oft auch als „Klarer" bezeichnet. Das ist jedoch nicht richtig, denn die Qualitätsanforderungen, denen ein Korn entsprechen muss, gelten nicht für „Klare" allgemein (siehe Kasten auf dieser Seite).

DIE HERSTELLUNG

Der Korn erhält seine typische Geschmacksnote durch die jeweils verwendete Getreidesorte. So wird aus Weizen ein milder und weicher, aus Roggen dagegen ein kräftiger, würziger Korn destilliert.

Für die Destillation wird das Getreide zunächst gereinigt, geschrotet und mit Wasser vermischt. Unter Hitze entsteht dann Maische, der man Grünmalz zusetzt. Dies bewirkt die Umwandlung der Stärke in Zucker. Den Vergärungsprozess leitet man durch den Zusatz von Hefe ein. Sobald die Masse vergoren ist, bringt man sie in einer so genannten Rohbrandkolonne zum Sieden. Der in Form von Dampf entweichende Alkohol wird am oberen Ende der Kolonne aufgefangen, abgekühlt und wieder verflüssigt.

Danach erfolgt in einer Feinbrandkolonne die zweite Destillation; dabei wird der Rohbrand von allen unerwünschten Geruchs- und Geschmacksstoffen befreit. Zuletzt verdünnt man den hochprozentigen Feinbrand auf die gewünschte Trinkstärke. Der trinkfertige Korn wird nach einer gewissen Lagerzeit in Flaschen gefüllt. Eine längere Lagerung fördert das Aroma, das manchmal auch mit Anis, Gewürznelke, Koriander, Wacholder, Zimt oder ähnlichen Zutaten abgerundet wird. Außerdem kann Korn auch mit Fruchtauszügen vermischt werden.

KORN FÜR KORN

Für eine 0,7-l-Flasche Weizenkorn werden weit über 15000 Weizenkörner verarbeitet. Das heißt, ein Glas (2 cl) enthält ca. 450 „flüssige" Weizenkörner.

Getränk für jede Gelegenheit

Es gibt kaum eine Gelegenheit, bei der man nicht zu einem Gläschen Korn greifen kann. Ob vor dem Essen als Appetitanreger, oder nach einer reichhaltigen Mahlzeit als verdauungsfördernder Abschluss: mit Korn liegt man in jedem Falle richtig.

Bei deutschen Feiern zeigt sich so richtig, wie beliebt der Korn ist – als Begrüßungsgetränk, einfach zwischendurch und natürlich zum Mixen von bekömmlichen Longdrinks mit den verschiedensten Säften oder Cola. Besonders gut schmeckt der Korn in Kombination mit einem Pils, was man auch als „Gedeck“ bezeichnet.

Die Trinktemperatur ist eine Frage des persönlichen Geschmacks. Doch in jedem Fall sollte Korn kühl getrunken werden, wenn auch nicht eiskalt. Kenner empfehlen ein paar Grad über Null, damit sich die Blume des Korns voll entfalten kann.

Zum einfachen „Kippen“ ist Korn viel zu schade. Vor dem Trinken sollte man ruhig mal am Glas „schnuppern“, um die Blume zu geniessen. Danach wird der Korn Schluck für

VON „LAGEN“ UND „U-BOOTEN“

In Hannover ist das „Lüttje-Lagen-Trinken“ ein uralter Brauch. Dazu werden zwei Gläser gefüllt: eines mit Lüttje-Lagen-Bier und eines mit Korn. Mit Daumen und Zeigefinger der rechten Hand wird das Bierglas gegriffen, mit Mittelfinger und Ringfinger derselben Hand das Glas mit dem Korn. Bierglas und Schnapsglas werden dann gleichzeitig so an die Lippen gesetzt, dass der Korn aus dem oben liegenden Glas zusammen mit dem Bier in einem Zuge getrunken wird. Das geht natürlich auch mit anderen Biersorten. Es gilt: Übung macht den Meister! Wohl eher neueren Datums ist das so genannte „U-Boot-Trinken“. Ein „U-Boot“ ist ein Glas Korn, das man ganz langsam in einem Glas Bier versinken lässt und dann trinkt. Die Zubereitung ist regional unterschiedlich und reicht bis zum „Atom-U-Boot“.

Schluck getrunken – man lässt ihn über die Zunge „rollen“. Sonst entgeht einem das Wichtigste bei dieser Spirituose: der Duft reifer Getreidefelder und der feine Geschmack.

Natürlich wird Korn, gerade zum Bier, oft aus einem Schnapspinnchen (auch Shooter-Glas oder Stamper genannt) getrunken. Am besten serviert man ihn jedoch in einem Glas mit Stiel, um die Kühle zu erhalten und dem noblen Charakter des Getränks besser zu entsprechen. Beliebt ist es, die angefeuchteten Gläser ins Eisfach zu legen und anschließend den Korn in den vereisten Gläsern zu servieren.

Bekannte deutsche Kornbrände

- STROTHMANN WEIZEN: Die Spirituose aus den Strothmann-Brennereien in Minden/Westfalen ist der Marktführer auf dem deutschen Kornmarkt. Es gibt ihn schon seit 1886. Er schmeckt besonders fein und mild, da er in Holzfässern gereift ist (32% vol).

- DOORNKAAT: Das Destillat gehört zu den bekanntesten deutschen Spirituosen. Dornkaat ist die einzige Kornspezialität, die in einem aufwändigen Verfahren dreifach gebrannt wird (38% vol).

- FÜRST BISMARCK: Diese Spezialität wird ausschließlich aus hochwertigem Roggen und Weizen ohne Zusätze feingebrannt und in Eschenholzfässern bis zur endgültigen Reife gelagert. Mit jährlich rund fünf Mio. verkauften Flaschen ist Fürst Bismarck Marktführer in der oberen Preisklasse (38% vol).

- BERENTZEN TRADITIONSKORN: Eine der ältesten deutschen Kornmarken (32% vol) wird seit 1758 im emsländischen Haselünne gebrannt. Sein Stammhaus ist der Westerholtsche Burgmannshof aus dem Jahre 1385.

- SCHWARZE WEIZEN FRÜHSTÜCKSKORN: Dieser ist Marktführer in Nordrhein-Westfalen aufgrund seines überzeugenden Geschmacks und seiner gleichbleibend hohen Qualität. Seinen Namen verdankt der „Frühstückskorn“ einer Sitte aus älteren Zeiten: Damals wurde nach der Feldarbeit zum zweiten Frühstück ein besonders milder Korn getrunken (34% vol).

HARDENBERG: Die Hardenbergsche Kornbrennerei mit dem Keilerkopf-Emblem ist für drei hervorragende Kornbrände bekannt: Graf Hardenberg Gold (32% vol): Weizenkorn der Premium-Klasse mit betont milder Note; Hardenberg Doppelkorn (38% vol) aus reinem Weizen und Hardenberg Weizenkorn (32% vol): ein besonders milder Klassiker.

Korn

3-8° C

1-2

Mast-
GERMANY

Kräuterliköre & Kräuterspirituosen

Feinstes aus Kräutern & Gewürzen

Wie bei kaum einer anderen Spirituose reichen die Wurzeln so tief in die Geschichte der Medizin wie bei den Kräuterlikören und -spirituosen. Schon die alten Ägypter verstanden sich auf die Kunst, Heilmittel aus Kräutern zu destillieren, die vor allem bei Magenverstimmungen und -krankheiten ihre wohltuenden Kräfte entfalten sollten.

Viele der Kräutergetränke, die wir heute noch kennen, entstanden aber erst viel später: Sie wurden seit dem Mittelalter von Mönchen entwickelt und in Klöstern destilliert. Dabei ging es auch hier ursprünglich um die Entwicklung von Heilmitteln. Doch mit der Zeit rückte dieses Anliegen immer mehr in den Hintergrund. Sowohl die Mönche selbst als auch ihre „Patienten" fanden zunehmend Gefallen an den köstlichen Elixieren, die so hervorragend den Magen nach einem reichhaltigen Essen „aufzuräumen" vermochten.

So ist es nicht verwunderlich, dass später immer mehr Privatpersonen damit begannen, sich ihre Schnäpse selbst zu brennen. Dabei entstand eine Fülle ganz unterschiedlicher Rezepturen, von denen einige bis heute noch gebrannt werden und dabei immer noch geheim sind.

KRÄUTERGEISTER SELBST HERBEIRUFEN

Es ist relativ einfach, Kräutergeist selbst herzustellen. Man füllt vorwiegend getrocknete Kräuter in eine Likör- oder Weinbrandflasche mit weiter Halsöffnung und gießt dann klaren Branntwein oder Kornbrand mit mindestens 30% vol Alkohol zu. Eine Handvoll Kräuter pro Liter ist ausreichend. Dann verschließt man die Flasche und lässt die Flüssigkeit zwei bis drei Wochen an einem sonnigen Platz durchziehen, wobei die Flasche ab und zu geschüttelt werden sollte. Zuletzt folgt das Abseihen und Abfüllen in trockene Flaschen. Wer es süß mag, fügt Zucker, der zuvor in Wasser aufgekocht wurde, hinzu.

FLIESSENDE GRENZEN

So gibt es heute eine fast unüberschaubare Vielfalt an Spirituosen, die aus den Extrakten verschiedenster Pflanzenteile gewonnen werden. Dabei können Wurzeln und Rinden genauso als Ausgangsprodukte dienen wie Blätter, Früchte oder Blüten.

Eine klare Abgrenzung vor allem gegenüber den Bitterlikören- und spirituosen fällt dabei schwer. Nicht nur, dass die Kräutergetränke durch die gleichen Verfahren wie z.B. Mazeration oder Perkolation (siehe S. 61) gewonnen werden: Oftmals dienen fast dieselben Zutaten als Basis.

Dennoch gibt es eine Grundsatzregel: Ist das bittere Aroma bei den fertigen Spirituosen der dominante Geschmacksfaktor, spricht man von Kräuterbittern oder Bitterspirituosen – andernfalls von Kräuterlikören und -spirituosen.

Weist eine Kräuterspirituose einen Mindestzuckergehalt von 100 g pro Liter auf, bezeichnet man sie als Likör. Gewinnt man diesen hauptsächlich aus verschiedenen Gewürzen spricht man auch von Gewürzlikör. Aber auch hier gibt es keine klaren Abgrenzungen.

Aufgrund der unendlichen Auswahl an Grundzutaten, die für die Zubereitung von Kräuterspirituosen zur Verfügung stehen, überrascht es nicht, dass es so viele verschiedene Sorten gibt. Sie werden in den unterschiedlichsten Ländern hergestellt und können fast alle auf eine lange und interessante Tradition zurückblicken.

Kräuterspirituosen sind oftmals handwerklich hergestellte Spezialitäten mit langer Tradition, die ihren regionalen Charakter nicht verleugnen. Oft sind sie nicht einmal in ihren Ursprungsländern überall bekannt. In Deutschland beispielsweise werden im Norden Kräuterliköre gebrannt, die sogar in ihrem Namen die regionale Bedeutung unterstreichen, wie z.B. der „Wattenläufer“ oder das „Leuchtfeuer“. Im Süden Deutschlands kennt man diese Kräuterspirituosen meist kaum.

Wohltat nach dem Essen

Die meisten in den Kräuterspirituosen verarbeiteten Kräuter haben eine verdauungsfördernde Wirkung. Sie beruht auf den in den Kräutern enthaltenen Bitterstoffen. Deshalb eignen sich diese Getränke ausgezeichnet als Digestif nach einer reichhaltigen Mahlzeit. Auch aufgrund ihres relativ hohen Alkoholgehalts, der im Allgemeinen zwischen 30 und 50% vol liegt, empfiehlt es sich, diese Spirituosen nach dem Essen zu sich zu nehmen.

Die meisten Kräuterspirituosen genießt man dabei pur und eisgekühlt, einige von ihnen, insbesondere die Liköre, eignen sich aber auch für Mixgetränke.

Enzian

Enzian

18-20° C

1-3

Der Enzian ist sozusagen das Nationalgetränk der Alpen. Ob in Bayern oder in Tirol, in der Schweiz oder in den französischen Alpen – seit Jahrhunderten wird dort Enzianbranntwein hergestellt.

Neben dem berühmten blau blühenden Enzian gibt es noch eine ganze Reihe weiterer Arten, darunter der Gelbe Enzian, auch Bitterwurz genannt. Er hat armdicke Wurzeln, die bis zu einem Meter lang und bis zu 6 kg schwer sein können. Sie liefern den Rohstoff für den Enzian und werden in den Monaten Juli bis Oktober von so genannten Wurzelgräbern gesammelt. Da der Gelbe Enzian – wie alle seine Artgenossen – unter Naturschutz steht, stammen die Enzianwurzeln zur Schnapsgewinnung aus Anbaukulturen.

Hierbas – Der Ibiza-Kräuter

Auf Ibiza trinkt man allerorts den fast schon legendären Kräuterschnaps Hierbas. Dieses Getränk wurde von der Landbevölkerung schon vor über zweihundert Jahren hergestellt. Das typische Aroma entsteht durch eine spezielle Kräutermischung, u.a. aus Rosmarin und Thymian, Wacholderbeeren, Bergminze und Anissamen.

Nach dem Reinigen und Trocknen mahlt man die Wurzeln und vermischt sie dann mit Wasser, bevor eine mehrwöchige Gärphase folgt. Danach wird die Maische gebrannt und der Rohbrand unter Zusatz von weiterem Alkohol abschließend noch einmal destilliert. Nach längerer Lagerung füllt man den Enzian dann zum Verkauf in Steinkrüge ab.

Aus der Enzianwurzel stammen nur 5 Prozent des Alkohols. Dennoch benötigt man zur Gewinnung von 1 Liter Enzian etwa 10 kg frische Wurzeln.

Enzian ist ein Getränk von herbem Geruch und mit einem eigentümlich aromatischen, erdigen Geschmack. Er gilt als wertvoller Magenbranntwein. Zu den bekanntesten Marken zählen Grassl, Hemmeter und Riemerschmid. Der Alkohlolgehalt beträgt mindestens 38% vol, aber die übliche Trinkstärke liegt mit 40 bis 50% vol wesentlich höher. Außerdem gibt es noch den Enzianlikör, dessen Alkoholgehalt mindestens 30% vol beträgt.

Becherovka

Becherovka ist ein grünlich-gelber feinbitterer Kräuterlikör mit einem Alkoholgehalt von etwa 38% vol. Er stammt aus Karlovy Vary, dem ehemaligen Karlsbad,

Becherovka

8-18° C

1-3

in der Tschechischen Republik und ist auch unter dem Namen „Karlsbader Becher“ bekannt.

Die Geschichte des Becherovka begann Anfang des 19. Jahrhunderts im Kurort Karlsbad. Sein Erfinder, der Karlsbader Apotheker Joseph Becher, erhielt das Grundrezept für diese Spezialität vom englischen Arzt Doktor Frobrig bei dessen Besuch in Karlsbad 1805. Er entwickelte daraus den Becherovka als Medizin gegen Verdauungsprobleme.

Seit 1949 wird der Kräuterlikör im nordrhein-westfälischen Kettwig immer noch nach altem Rezept hergestellt. Dabei taucht man eine in Stoffsäcke gefüllte, geheime Kräuter- und Gewürzmischung eine Woche lang in einen Tank mit Alkohol. Der so gewonnene Extrakt wird mit Wasser und Naturzucker vermischt und auf Eichenfässer gezogen, in denen der Becherovka etwa zwei Monate heranreift. Vor dem Abfüllen werden dann die Liköre verschiedener Fässer verschnitten, um eine gleichbleibende Qualität zu gewährleisten.

Bénédictine

3-8° C

1-3

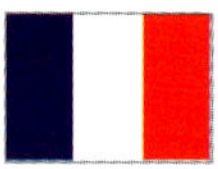

Bénédictine D.O.M.

Der Bénédictine ist einer der bekanntesten und ältesten Liköre der Welt. Der französische Likör mit seiner Bernsteinfarbe und dem süßen und aromatischen Geschmack weist dabei einen Alkoholgehalt von etwa 40% vol auf.

Im Jahr 1510 wurde er von dem venezianischen Benediktinermönch Bernardo Vincelli kreiert, der zu der Zeit in der Normandie in der Abtei zu Fécamp lebte. Er versuchte, die heilenden und stärkenden Eigenschaften von Kräutern zu ergründen, bis er schließlich aus 27 speziell ausgewählten Kräutern sein wohltuendes Elixier braute.

Bei der Herstellung setzt man zunächst fünf Kräutermischungen mit unterschiedlichen Geschmacksnoten an. Vier von ihnen werden sorgfältig destilliert, die fünfte Mischung, die hauptsächlich aus Früchten und Fruchtschalen besteht, wird mazeriert, das heißt in Alkohol eingelegt.

Die fünf Grundspirituosen lagern bis zu ihrer vollkommenen Reife in verschließbaren Steingutgefäßen. Erst danach werden sie nach dem Originalrezept miteinander vermischt und abgefüllt. Wie bei so vielen beliebten Spirituosen ist das genaue Rezept ein streng gehütetes Firmengeheimnis.

In Anbetracht der großen Popularität des Bénédictine blieb es nicht aus, dass unzählige Hersteller im Laufe der Jahre versuchten, den Likör zu imitieren, doch das Original gehört nach wie vor weltweit zu den Spitzenreitern der Branche.

Die Abkürzung D.O.M. steht für „Deo Optimo Maximo“, was lateinisch ist und übersetzt soviel bedeutet wie „dem besten und größten Gott geweiht“.

Den aromatischen Kräuterlikör genießt man am besten gut gekühlt als Digestif nach dem Essen. Er passt allerdings auch gut zum Kaffee.

Chartreuse

3-8° C

2

Chartreuse

1605 bekamen die Mönche des Ordens der Karthäuser von dem Marschall François d'Estrées ein schwer zu entzifferndes Geheimrezept für die Zubereitung eines Kräuterlikörs geschenkt, das ursprünglich von einem unbekannten Alchimisten als Elixier für ein gesundes, langes Leben entwickelt worden war. Fast 150 Jahre brauchten die Mönche, bis sie dieses Rezept in ihrem Stammkloster „Grande Chartreuse" entziffern und den Likör herstellen konnten: Die Geburtsstunde des „Chartreuse" hatte geschlagen, des „Grünen Feuers", wie er wegen seines Alkoholgehalts von 55% vol auch genannt wird.

Ein langes Leben schenkt dieser Likör zwar nicht unbedingt, aber ein Genuss ist der Likör, der aus 130 Bergkräutern und edlem Weinbrand hergestellt wird, allemal. Nach

der Herstellung reift der Chartreuse rund fünf Jahre in zum Teil über hundert Jahre alten Fässern, die bis zu 50000 Liter Likör fassen. Die großen Keller von Chartreuse sind dabei die längsten Likörkeller der Welt.

Es gibt den Chartreuse in verschiedenen Sorten: die bekanntesten sind der grüne Chartreuse Verte und der gelbe Chartreuse Jaune. Der Chartreuse Verte wird nach der ursprünglichen Rezeptur hergestellt. Er ist kräftiger und würziger als die gelbe Version. Diese wurde 1838 als süßere und mildere Variante entwickelt. Der Jaune wird nach dem gleichen Verfahren und mit ähnlichen Zutaten hergestellt wie der grüne Chartreuse, hat aber einen wesentlich geringeren Alkoholgehalt von nur 40 bis 43% vol.

Ob gelb oder grün, am besten serviert man Chartreuse als Digestif nach dem Essen. Man genießt ihn pur und gut gekühlt oder auf Eis.

Cuarenta y Tres/Licor 43

Der Cuarenta y Tres, der von seinen Liebhabern auch kurz als Licor 43 bezeichnet wird, ist einer der bekanntesten spanischen Liköre. Sein Name bezieht sich auf die 43 geheimen Zutaten, aus denen er hergestellt wird. Da es sich dabei hauptsächlich um Gewürze handelt, wird der Cuarenta y Tres oft auch als Gewürzlikör klassifiziert.

Licor 43

3-8° C

2

Der Likör ist goldgelb in der Farbe und hat einen Alkoholgehalt von 34% vol. Seine Kräuternote ist süß und mild, mit einem deutlich hervortretenden Vanillearoma.

Das Grundrezept soll über 2000 Jahre alt sein. Angeblich wurde es von den Römern aus Carthago ins spanische Cartagena gebracht, wo es von Generation zu Generation weitergegeben wurde.

Cuarenta y Tres ist vielseitig verwendbar. Er schmeckt sowohl in sahnigen als auch in fruchtigen Short- und Longdrinks und passt sich dabei den verschiedenen Geschmacksrichtungen an.

Danziger Goldwasser

3-8° C

2

Danziger Goldwasser

Goldwasser: Den Begriff darf man bei diesem klaren, süßen Likör wörtlich nehmen: Denn in den Flaschen schwimmen feinste Goldplättchen aus echtem 22-karätigen Blattgold. Das Edelmetall wird in einer Stärke von 1/8000 Millimeter zugesetzt und schwebt glitzernd in der klaren Flüssigkeit.

Da das Goldwasser aus verschiedenen Gewürzen, wie zum Beispiel Anis, Kümmel, Koriander, Kardamom, Orangenblüten, Lavendel, Zimt sowie Pomeranzen- und Zitronenschalen hergestellt wird, könnte man es auch als Gewürzlikör bezeichnen. Die genaue Rezeptur ist nicht bekannt. Danziger Goldwasser hat einen Alkoholgehalt von 38–40% vol. Da dieser Likör recht süß ist, empfiehlt es sich, ihn als Digestif on the rocks zu trinken.

Stonsdorfer

8-18° C

2

Stonsdorfer

Der Stonsdorfer ist ein deutscher Kräuterlikör aus verschiedenen Kräutern, Gewürzen und Früchten, unter anderem aus Waldheidelbeeren, Arnika, Fingerhut, Liebstöckel, Pfefferminze und Enzian. Die vollständige Zutatenliste ist auch hier geheim.

Die Rezeptur des süß-bitteren, leicht fruchtig-herben Likörs geht auf Christian Gottlieb Koerner aus Stonsdorf im Riesengebirge zurück. 1810 erfand er diesen Likör mit einem Alkoholgehalt von 32% vol.

Der beliebte Digestif fand schnell viele Freunde und so gab es bald Nachahmer, die ähnliche Fein-Bitterliköre herstellten. Deshalb ist das Wort „Stonsdorfer" heute ein Gattungsbegriff. Allerdings: Nur die in Harksheide hergestellten Liköre dürfen sich „Echt Stonsdorfer" nennen.

Escorial

Auch dieser deutsche Likör gehört zu den Klassikern unter den Kräuterdestillaten. Seine Beliebtheit verdankt

Escorial

8-18° C

2

das hochprozentige Destillat (56% vol) seinem sehr würzigen, aber dennoch leicht süßlichen Geschmack. Für die grüne Farbe sorgt der Waldmeister, einer der wichtigsten Bestandteile bei der Herstellung.

Mittlerweile gibt es den Escorial auch in einer gelben Variante, die wesentlich milder ist und nur noch 40% vol Alkoholgehalt aufweist.

Der Likör wird seit 1910 von der Likörmanufaktur Anton Riemerschmid in München hergestellt. Seinen ersten großen Boom erlebte er 1920, dann kam er zwischen 1950 und 1965 noch einmal schwer in Mode.

Es empfiehlt sich, den Escorial wegen seines hohen Gehalts an Alkohol eher nach dem Essen zu trinken. Man genießt ihn pur oder auf Eis. Besonders effektvoll ist es, wenn man ihn flambiert serviert – und das funktioniert sogar auf Eis.

Ettaler Klosterlikör

8-18° C

2

ETTALER KLOSTERLIQUEUR

Der Ettaler Klosterliqueur ist ein deutscher Kräuterlikör, der sogar auf eine noch längere Tradition als die weltberühmten Klosterliköre Bénédictine oder Chartreuse zurückblicken kann. Das Kräuterwasser wurde nämlich bereits 1330 von den Mönchen der Benediktinerabtei Ettal bei Oberammergau in Oberbayern erfunden.

Auch diesen Likör gibt es sowohl in einer gelben als auch in einer grünen Variante: Der gelbe wird aus einer Komposition vieler verschiedener edler Kräuter destilliert. Sein blumiges Bouquet verdankt der 40-Prozenter seiner Reifung in Eichenfässern. Die gelbe Farbe bekommt er durch den Zusatz von Safran, gesüßt wird er mit Honig.

Der grüne Ettaler besteht aus über 40 verschiedenen Kräutern, was ihm seinen charakteristischen würzigen Geschmack verleiht. Auch er reift in Eichenfässern in den Gewölben des Klosters Ettal. Er weist ein besonders feines Aroma und einen Alkoholgehalt von 42% vol auf.

Galliano

8-18° C

2

Galliano

Galliano ist ein gelber, klarer italienischer Kräuterlikör. Das Rezept wurde von Arturo Vaccari, einem Weinbrenner aus Livorno in der Toskana, entwickelt. Als der Galliano 1896 zunächst nur in Italien auf den Markt kam, war noch nicht zu ahnen, dass er sich bald internationaler Beliebtheit erfreuen würde. Dies ist hauptsächlich dem Tourismus zu verdanken, der das Getränk in viele Winkel der Welt brachte.

Über 70 verschiedene Kräuter, Blumen und Gewürze, unter anderen Anis, Süßholz oder Vanille, werden bei der Produktion dieser italienischen Spezialität verarbeitet. Es entsteht ein Likör mit einem Alkoholgehalt von etwa 35% vol.

Seinen Namen verdankt dieser Kräuterlikör übrigens dem italienischen Heerführer Guiseppe Galliano, der im Abessinienkrieg Ende des 19. Jahrhunderts heldenhaft einer Belagerung standhielt.

Izarra

Izarra

8-18° C

2

Izarra ist die baskische Bezeichnung für „Stern“ und der Name eines Kräuterlikörs, der aus Armagnac und vielen verschiedenen Pyrenäenkräutern destilliert wird.

Das baskische Nationalgetränk, das seit 1835 destilliert wird, gibt es – wie viele andere Kräuterspirituosen auch – in einer grünen und gelben Variante. Der grüne Izarra besteht aus 48 verschiedenen Blüten und Pflanzen. Er hat ein besonders kräftiges Aroma und einen sehr hohen Alkoholgehalt von etwa 50% vol. Für den gelben Izarra werden lediglich 32 Pflanzen verwendet. So ist er leichter und lieblicher im Aroma. Zudem weist er einen niedrigeren Alkoholgehalt von etwa 40% vol auf.

Bei der Herstellung werden die mit Qualitätsbranntwein getränkten Blüten, Pflanzen, Samenkörner von Früchten sowie einige Wurzeln und Gewürze destilliert. Den so entstehenden hochkonzentrierten „Geist“ verwendet man allerdings nur in kleineren Mengen für die Zubereitung des Likörs.

Dazu mischt man ihn mit altem Armagnac und einem Sirup aus Zucker und Honig. Der Likör fliehßt dann durch Filter in Eichenfässer, in denen er lange lagert, um seine samtige Weichheit und sein besonderes Aroma zu entwickeln.

Jägermeister

Jägermeister ist wohl Deutschlands meistgetrunkener und bekanntester Kräuterlikör, der aber auch weltweit einen hohen Bekanntheitsgrad erlangt hat. Er ist herb-würzig, aber zugleich lieblich im Geschmack, und das bei einen Alkoholgehalt von 35% vol.

Jäger-meister

3-8° C

2

Ramazzotti

3-8° C

2

Jägermeister besteht aus 56 verschiedenen Kräutern, Wurzeln, Hölzern, Rinden und Früchten, zum Beispiel Zimt, Pomeranzen, Ingwerwurzeln oder Safran. Die genaue Rezeptur ist natürlich geheim.

Nach der Mazeration der verschiedenen Ausgangsstoffe reift der Grundextrakt ein Jahr lang in Eichenholzfässern. Danach wird er mit Wasser, Flüssigzucker, Karamell und Alkohol vermischt, bevor der fertige Jägermeister in die typischen, grünen Flaschen abgefüllt wird.

Jägermeister trinkt man pur oder auf Eis, aufgrund seines relativ hohen Alkoholgehalts am besten pur nach einem Essen. Viele Liebhaber genießen ihn dabei gern aus angefrorenen Gläsern. Außerdem eignet er sich gut als Zutat für verschiedene Longdrinks und Mixgetränke.

Ramazzotti

Ramazzotti ist ein feinherber Kräuterlikör mit einem unverwechselbaren Aroma und angenehm mildem Geschmack. Diese herausragenden Eigenschaften haben die italienische Spezialität zu einem der weltweit beliebtesten und bekanntesten Kräuterliköre avancieren lassen.

Der Ramazotti besteht aus 33 Kräuter- und Wurzelextrakten sowie weiteren Aromazusätzen wie beispielsweise Schalen von Süß- und Bitterorangen. Er hat einen Alkoholgehalt von 30% vol.

Der Apotheker Ausano Ramazzotti kreierte das nach ihm benannte Getränk 1815 in Mailand mit dem Ziel, einen besonders milden Kräuterlikör zu entwickeln. Schnell erfreute sich dieser dann in den Kaffeehäusern Mailands großer Beliebtheit und startete von hier aus seine Weltkarriere. Bis 1985 war das Unternehmen in Familienbesitz, bevor die Pernod-Ricard-Gruppe es übernahm.

Als klassischer Digestif wird Ramazzotti vorrangig nach einem guten Essen gereicht. Dabei serviert man ihn pur oder auf Eis mit einem Scheibchen Zitrone. Allerdings: Gemixt mit Ginger Ale oder Soda eignet er sich auch als Aperitif.

Strega

3-8° C

2

STREGA

„Strega“ ist das italienische Wort für „Hexe“. Diesen Namen trägt der Likör in Anlehnung an eine Legende: Es hieß, die Hexen hätten diesen Kräuterlikör als Liebestrank erfunden. Der safrangelbe Kräuterlikör basiert auf über 70 Kräutern und Gewürzen und lagert nach der Destillation in Eichenfässern. Erfunden hat ihn ein gewisser Giuseppe Alberti in der Nähe von Neapel. Das Rezept stammte dabei ursprünglich von Mönchen eines lokalen Klosters. Man trinkt diesen Likör kalt oder auf Eis. Außerdem eignet er sich als Zutat für Longdrinks oder Cocktails.

Likörwein

WEINE VOR UND NACH DEM ESSEN

Der Fachbegriff Likörwein ist ein wenig irreführend – denn bei den Alkoholika, die unter dieser Rubrik geführt werden, handelt es sich nicht um Liköre, wohl aber um Weine. Es sind solche, die man bevorzugt vor oder nach, nicht aber zum Essen trinkt. Deshalb werden sie auch als Aperitif- und Dessertweine bezeichnet.

Der Begriff Likörwein hat sich eingebürgert, weil er das Trinkgefühl bei vielen dieser Getränke recht gut umschreibt: Die meisten von ihnen schmecken nämlich recht süß und erinnern eher an den Geschmack von Likör als an den von Wein. Man genießt sie so am besten zimmertemperiert zum Dessert oder auch – nach eigenem Belieben – vor dem Essen.

AUFGESPRITETE UND NATURSÜSSE WEINE

Grundsätzlich unterscheidet man hier Weine, die durch Zugabe von Alkohol ihren besonderen Geschmack erhalten, von solchen, die durch ihre hohe Natursüße aus der Menge der Weine herausstechen. Zu den mit Alkohol

H&H
HENRIQUES AND HENRIQUES
10
YEARS OLD
MADEIRA
Wine
Verdelho
H&H
HENRIQUES AND HENRIQUES
Rainwater
MADEIRA
Wine

Likörwein

18-20° C

1-3

„aufgespriteten" Weinen zählen vor allem Sherry und Portwein, denen aufgrund ihrer Bedeutung gesonderte Kapitel gewidmet sind (siehe auch Seite 232 und 214). Daneben gibt es aber eine ganze Reihe weiterer, guter Likörweine wie Madeira, Málaga und Marsala.

Die bekanntesten natursüßen Weine sind der ungarische Tokaji und der französische Sauternes. Aber auch in vielen anderen Ländern baut man ähnlich schmeckende, sehr süße Weine an, so z.B. auf der griechischen Insel Samos oder in deutschen Weinbauregionen. Hier sind es die so genannten Spätlesen, darunter besonders der Eiswein, die sehr lange an den Reben verbleiben und durch diese spezielle Form der Lese wesentlich süßer sind als „normal" geerntete Trauben.

Fast überall auf der Welt, wo Wein angebaut wird, bieten die Winzer neben ihren Standardweinen auch besonders süße oder aufgespritete Weine an. Zu weltweiter Anerkennung haben es aber nur einige gebracht. Die wichtigsten Likörweine sind:

- MADEIRA: Einst genoss der mit Weingeist aufgespritete Madeira-Wein die gleiche internationale Anerkennung wie der Portwein. Durch Reblausplagen, wirtschaftliche Veränderungen und Marketingfehler verlor er jedoch im 19. Jahrhundert seine Bedeutung. Heute ist Madeira wieder im Aufwind. Viele der Inselprodukte können sich durchaus mit denen von der iberischen Halbinsel messen. Hier gibt es vieles zu entdecken.

- MÁLAGA: Für diese aufgespriteten Weine gilt das gleiche wie für den Maderia: einst hoch geschätzt, z.B. auch am

Zarenhof, nimmt der Málaga – zu Unrecht – heute eine nur bescheidene Marktposition ein. Auch hier lohnt aber das Probieren von Spitzenprodukten.

- MARSALA: Der Sizilianer unter den Likörweinen ist heute vor allem in der Küche zum Verfeinern exquisiter Soßen geschätzt – doch diesen aufgespriteten Wein als einfache Küchenzutat abzuwerten, wird ihm nicht gerecht. Neben den preiswerten Standardprodukten gibt es einige herausragende Tropfen, die den Vergleich mit Spitzenweinen aus Portugal und Spanien nicht zu scheuen brauchen.

- SAMOS: Auf der griechischen Insel werden seit Jahrhunderten ganz hervorragende natursüße Weine gekeltert, die dank des Tourismus heute in vielen Ländern der Erde geschätzt werden.

- SAUTERNES: Seit Römischer Zeit wird in Frankreich, im südlichen Teil von Graves, Weinbau betrieben. Die hier reifenden natursüßen Dessertweine zählen zu den besten und bekanntesten ihrer Art.

- TOKAJI: Der berühmteste Liebhaber des Tokjer – wie er auch geschrieben wird – war Sonnenkönig Ludwig XIV. Von ihm stammt der Ausspruch: „Er ist der König der Weine und Wein der Könige“. Natürlich verweisen die Ungarn noch heute stolz auf diesen Satz, auch wenn der Stern des Tokaji vor allem durch die lange sozialistische Epoche gesunken ist. Heute aber gibt es wieder einige Winzer, die wieder Spitzenprodukte erzeugen.

Marc & Tresterbrände

Die Geschwister des Grappas

Marc und Tresterbrand – so nennen sich die französischen und deutschen Geschwister des Grappas. Auch sie werden auf die gleiche Weise wie der italienische Kult-Digestif destilliert, dürfen sich aber aufgrund von EU-Bestimmungen nicht so nennen.

Auch wenn diese Brände weniger bekannt sind – in der Qualität stehen sie ihrem berühmten Vorbild kaum nach. Den Begriff Vorbild kann man hier beim Wort nehmen: Zwar werden auch in den Weinbauregionen Frankreichs und Deutschlands schon seit Jahrhunderten Destillate aus den Überresten der Weinproduktion gewonnen, aber im Zuge des weltweiten Grappa-Booms haben sich in den letzten Jahren mehr und mehr Winzer und Destillerien daran gemacht, ihre Brände zu verfeinern und zu vermarkten.

Das Herz der Marc- und Tresterbrand-Produktion schlägt dabei am Oberlauf des Rheins. Vor allem elsässische und badische Winzer destillieren heute den Trester. Aber auch in anderen Weinbauregionen versteht man sich mittlerweile auf die Kunst, den Edel-Digestif zu gewinnen, wie z.B. in der Schweiz. Das Angebot wächst dabei ständig und ein Ende des Trends ist noch lange nicht in Sicht.

DISTILLERIE JEAN GOYARD
Très Vieux
MARC de CHAMPAGNE
Egrappé
70 cl 40%vol
Joseph Drouhin
MARC DE BOURGOGNE
JOSEPH DROUHIN
A BEAUNE, COTE-D'OR, FRANCE
de Beaune
1991
Appellation Réglementée par Décret
Maison Vedrenne
Product of France

Da im Gegensatz zur Bezeichnung „Grappa" der französische Begriff „Marc" nicht geschützt ist, finden sich unter dieser Bezeichnung nicht nur französische Brände, sondern auch viele aus anderen Ländern, vorzugsweise aus Deutschland. Das liegt sicherlich daran, dass viele Marketingstrategen glauben, dieser Begriff klinge edler und vornehmer als die Sachbezeichnung „Tresterbrand". Gleichwohl gibt es auch eine ganze Reihe engagierter Winzer, die ihre Destillate bewusst Tresterbrand nennen und damit die Herkunft deutlich herausstellen.

Dem Wort „Marc" wird auf den Flaschenbezeichnungen gern die Weinbauregion nachgestellt. Typisch sind deshalb Etikettierungen wie „Marc de Champagne" oder „Marc de Baden".

KLEINE BRENNEREIEN MIT ANSPRUCH

Aufgrund des großen Grappa-Booms werden in Italien heute zahlreiche Tresterbrände im industriellen Stil, in einem so genannten kontinuierlichen Brennapparat, hergestellt. Diese Anlagen sind teuer und auf große Mengen ausgelegt.

Bei der Produktion der Marcs und Tresterbrände aber ist dies anders. Meist werden diese in kleinen Betrieben destilliert, für die sich die Anschaffung einer großen Anlage kaum lohnen würde. Hier arbeitet man nach dem tradierten Verfahren mit der diskontinuierlichen Destillation (siehe auch S. 155). Das ist zwar weitaus aufwändiger und erfordert mehr handwerkliches Können, wirkt sich aber auch positiv auf Individualität und Qualität der Brände aus.

Auch wenn sicherlich nicht alle Brände dieser Art zu glänzen vermögen – grundsätzlich lässt sich sagen, dass die französischen und deutschen Destillerien mehr auf Qualität als auf Quantität setzen.

Hinzu kommt, dass diese Brände auch aus vielen Rebsorten gewonnen werden, die in Italien nicht kultiviert werden. So gibt es eine ganze Reihe von Erzeugnissen, die einen unverwechselbaren eigenen Charakter besitzen und neue Geschmackswelten eröffnen.

Marc & Trester

18-20° C

3-5

Viel zu entdecken

In der Welt der Marc- und Tresterbrände gibt es so insgesamt viel zu entdecken. Allerdings ist es nicht ganz einfach, außerhalb der Weinbauregionen einen ausreichenden Überblick zu gewinnen. Wer nach einem guten Tropfen sucht, ist so in der Regel auf einen kenntnisreichen Fachhändler angewiesen – in Super- oder Getränkemärkten führen diese Destillate noch ein Schattendasein. Und: Die französischen und deutschen Produkte sind nicht ganz preiswert.

Für den Genuss eines Marcs oder Tresterbrandes gelten dabei dieselben Empfehlungen wie beim Grappa: Man trinkt sie zimmertemperiert und stilvoll aus einem langstieligen Grappa-Glas.

Obstbrand

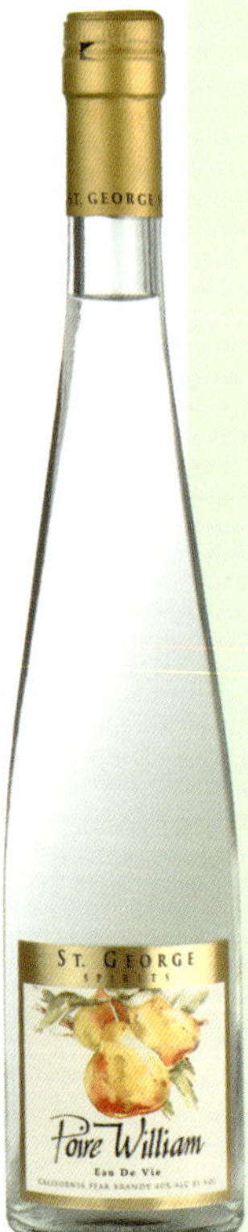

Die Wiege der Obstbrände

Während in den großen Weinbauregionen Europas immer schon das Brennen von Trauben im Mittelpunkt der Spirituosengewinnung lag, konzentriert man sich in vielen anderen Regionen seit Jahrhunderten darauf, aus anderen Obstsorten wohlschmeckenden Alkohol zu destillieren.

Die Wiege der Obstbrände liegt dabei nördlich der Alpen, vor allem im deutschsprachigen Raum. Im Rheintal und in den Ausläufern des Schwarzwaldes beispielsweise ist es das große Angebot an Kirschen, Zwetschen und anderem Steinobst, vor allem aber auch an Äpfeln und Birnen, das die Obstbauern zu einer wahren Meisterschaft im Brennen inspirierte. Viele ganz hervorragende Destillate stammen so aus dem Schwarzwald und dem Elsass.

Aber auch in anderen, vom Klima begünstigten Landstrichen Europas verstehen sich Obstbauern und Brennmeister auf die Kunst, aus Früchten harmonische Destillate zu gewinnen, so z.B. in der Schweiz, in Italien und Österreich, in Jugoslawien und Ungarn.

Veredelung statt Verwertung

Als man vor Jahrhunderten mit dem Obstbrennen begann, stand meist eher die Verwertung als die Veredelung des Obstes im Vordergrund. Für viele Obstbauern war das Brennen eine Gewinn bringende Methode, überschüssiges oder schwer verkäufliches Obst zu verwerten.

Auch heute noch gibt es Brenner, die schlicht und einfach Restobst zu Alkohol verarbeiten, was sich vor allem natürlich in der Qualität – aber auch im Preis – des fertigen Brandes bemerkbar macht.

Aber gerade beim Brennen von Obst kommt es auf Erfahrung und Kenntnis an. Billige Brände taugen meist noch nicht einmal zum Kochen – sie sind manchmal geradezu ungenießbar.

Ein hochwertiges Destillat hingegen ist ein Genuss für sich. Dabei sind es oft kleine, weitgehend unbekannte Brennereien, die Spitzenerzeugnisse aus bestimmten Früchten herstellen. Große Destillerien wie Nussbaumer, Morand, Pascal, Roner, Schladerer oder Ziegler hingegen bieten breitere Sortimente verschiedenster Obstbrände an.

WÄSSER, GEISTE UND OBSTLER

Eine Spirituose nennt man Obstbrand, wenn sie ausschließlich durch alkoholische Gärung und Destillation von frischen fleischigen Früchten oder deren Most gewonnen wird. Dabei ist es unerheblich, ob für die Destillation Früchte mit oder ohne Stein bzw. Kern genutzt werden. Vorgeschrieben ist hingegen, dass der gesamte Alkohol aus der Vergärung der Frucht stammen muss.

Im Laufe der Jahrhunderte haben die Destillateure ihre Kunst immer weiter verfeinert, und so unterscheidet man heute bei den Obstbränden drei verschiedene Varianten: „Obstwasser", „Obstgeist" und „Obstler".

OBSTWASSER

Obstwasser wird aus Kern- und Steinobst (zum Beispiel Kirschen, Zwetschgen, Mirabellen, Pflaumen, etc.) gewonnen. Daneben gibt es auch „Wasser" aus Beerenfrüchten, wie zum Beispiel aus Himbeeren. Diese werden allerdings aufgrund der hohen Herstellungskosten nur in geringen Mengen produziert.

Das wichtigste Merkmal eines Obstwassers ist, dass es aus vergorenen Früchten gewonnen wird. Dazu lässt man sortenreine Früchte in Fässern oder Tanks vergären, um den enthaltenen Fruchtzucker in Alkohol umzuwandeln. Danach erfolgt die Destillation.

Die Destillation erfolgt nicht gleichförmig, das heißt, es entstehen Destillate unterschiedlicher Qualität. Der Fachmann spricht von Vor-, Mittel- und Nachlauf. Nur der Mittellauf enthält das aromatische, für das Endprodukt benötigte Destillat, Vor- und Nachlauf hingegen beinhalten unerwünschte Alkohole und so genannte Fuselöle. Deshalb kommt es darauf an, den Mittellauf vom Vor- und Nachlauf abzutrennen.

Obst-brand

12-18° C

2-3

Obstgeist

Obstgeist ist ein Obstbrand aus unvergorenen Früchten. Er wird hauptsächlich aus zuckerarmen Früchten hergestellt, allen voran Beerenfrüchte, wie zum Beispiel Himbeere, Brombeere, Heidelbeere oder Johannisbeere.

Der natürliche Zuckergehalt dieser Früchte ist so gering, dass daraus nicht genügend eigener Gärungsalkohol gewonnen werden kann. Deshalb setzt man zu Beginn der Herstellung die Früchte zunächst in reinem Alkohol an. Der Alkohol entzieht dem Obst dabei das Fruchtaroma. Dieses Verfahren bezeichnet man auch als „Mazeration“. Nach Abschluss der Mazeration erfolgt dann der gleiche Destillationsprozess wie bei den Wässern.

Der Vorteil bei dem Verfahren zur Obstgeist-Herstellung liegt darin, dass das feine Aroma der Früchte nicht durch andere, unerwünschte Geschmacksstoffe, die bei der Gärung entstehen, negativ beeinflusst wird.

Obstler

Ein Kernobstbranntwein darf als „Obstler“ bezeichnet werden, wenn er ausschließlich aus Birnen und/oder Äpfeln oder deren Säften hergestellt wurde.

LAGERUNG UND REIFE

Nach der Destillation brauchen alle Obstbrände, -wässer und -geiste eine gewisse Zeit, um zu reifen und ihr volles Aroma zu entwickeln. Die Mindestlagerzeit beträgt dabei etwa ein halbes Jahr, wobei qualitativ hochwertige Produkte sogar fünf bis zehn Jahre reifen.

Die Lagerung erfolgt in Edelstahltanks, Glasballons oder Tonkrügen. Auch Holzfässer (zum Beispiel Eschenholzfässer) sind geeignet, wenn sie nicht zu viele Gerbstoffe abgeben, die das Fruchtaroma überdecken könnten.

Neben der Qualität der verwendeten Früchte schlägt sich auch die Lagerzeit im Preis nieder. So ist beispielsweise eine „alte Pflaume" weitaus teurer als ein Brand, der nur kurz gelagert und dann direkt verkauft wird.

Bevor die Obstbrände schließlich in Flaschen abgefüllt werden, müssen die hochprozentigen Destillate auf Trinkstärke herabgesetzt werden. Der vorgeschriebene Mindestalkoholgehalt liegt bei etwa 37,5% vol. Oft haben Spezialbrände jedoch einen etwas höheren Alkoholgehalt.

Ein klassischer Digestif

Obstbrände gehören zu den klassischen Digestifs, denn mit ihrem Alkoholgehalt um 40% vol gehören sie zu den hochprozentigeren Spirituosen. Das feine Bukett und die vielfältigen Fruchtaromen genießt man am besten nach einem guten Essen.

Ein Genießer trinkt einen Obstbrand selbstverständlich pur. Da die Destillate sehr feine Aromen entwickeln, sollten sie nicht zu kalt getrunken werden. Die Trinktemperatur sollte – je nach persönlichem Geschmack und Sorte – zwischen 12 und 18° C liegen.

Das ideale Glas für Obstbrände ist tulpenförmig und hat einen hohen Stiel. Durch die Tulpenform kann der Brand sein volles Bukett entfalten. Gestalt und Funktion des Glases ähneln dabei der Brennblase bei der Destillation, denn im bauchigen unteren Teil befindet sich die Flüssigkeit, während sich im schlankeren Oberteil die Aromastoffe sammeln können.

Nach dem Anbruch sollten Obstbrände möglichst dunkel, kühl und gut verschlossen aufbewahrt werden.

BIRNENBRAND

Der Birnenbrand ist bei Herstellern wie Liebhabern von Edelbränden sehr beliebt. Er zeichnet sich besonders durch sein köstliches, kräftiges Aroma aus und hat einen Alkoholgehalt von etwa 40% vol.

Etwa 2000 verschiedene Sorten von Birnen werden weltweit angebaut. Besonders gut geeignet für die Destillation sind die Sorten Dr. Guyot, Alexander Lukas oder die Kaiserbirne.

Allerdings ist die besonders aromatische Williams-Christ-Birne sicherlich die bekannteste Sorte zur Herstellung von Obstbränden, und die Bezeichnung „Williams" ist mittlerweile fast zu einem Synonym für Birnenbrand geworden. Die edlen Williamsbirnen-Brände zählen zu den teuersten Obstbränden überhaupt.

Die Williamsbirne gedeiht besonders gut in der Schweiz, im Schwarzwald und in Südtirol. Das Besondere an einem guten Williamsbrand ist, dass auch im Destillat das typische Aroma vollreifer Birnen deutlich zu erkennen ist.

DIE BIRNE IN DER FLASCHE

Eine besondere Spezialität ist der Williams mit Birne in der Flasche. Dazu hängt man Flaschen an einen Birnenbaum und lässt die jungen Williamsbirnen in die Flaschen hineinwachsen. Sind die Früchte reif, werden die Flaschen mit Williams aufgefüllt. Neben der dekorativen Wirkung werden durch die Frucht der Geschmack und das Aroma des Williams verstärkt.

Kirschwasser

Bei den Obstbränden gehört das Kirschwasser – unter seinen Freunden kurz „Kirsch" genannt, zu den populärsten. Es wird ausschließlich aus vollen, vergorenen meist entkernten Kirschen ohne Stiel oder aus deren Saft gebrannt. Dabei eignen sich dunkle, fast bräunlich-schwarz gefärbte Sorten mit dunklem Fruchtfleisch besser als helle Sorten.

Nach der Destillation wird das Kirschwasser in Eschenholzfässern gelagert. Die Kerne der Früchte sorgen für einen feinen Beigeschmack nach Bittermandelöl. Kirschwasser weist dabei meist einen Alkoholgehalt von etwa 40% vol auf.

Die bekanntesten Kirschdestillate kommen aus der Schweiz, den Vogesen und Südtirol. Der große Klassiker ist allerdings das „Schwarzwälder Kirschwasser", das weltweit geschätzt wird.

„Schwarzwälder Kirschwasser" ist dabei eine geschützte Bezeichnung. Das Destillat muss im Schwarzwald aus schwarzwälder Kirschen hergestellt werden. Die extrem aromatischen kleinen Kirschen eignen sich besonders gut zum Destillieren.

Himbeergeist

Neben dem Kirschwasser ist der Himbeergeist der wohl bekannteste Obstbranntwein aus Deutschland und zählt zu den beliebtesten Obstgeisten.

Himbeergeist ist ein Obstbrand aus frischen, unvergorenen Himbeeren und weist einen Alkoholgehalt von etwa 40% vol oder mehr auf. Er zeichnet sich durch seinen milden und lieblichen Geschmack aus. Aufgrund seines einzigartigen Aromas wird er auch oft bei der Herstellung von Likören verwendet.

Für die Produktion von Himbeergeist werden sehr oft Waldhimbeeren verwendet. Sie sind kleiner als Gartenhimbeeren und haben ein festeres Fruchtfleisch. Das für Waldfrüchte typische würzige und intensive Aroma gelangt durch das bereits erwähnte Herstellungsverfahren von Obstgeisten rein und fruchttypisch in das Destillat.

Die berühmtesten Himbeergeiste kommen aus dem Schwarzwald, aus der Schweiz und aus dem Elsass.

Zwetschgenwasser

Neben den Kirschen sind Zwetschgen die Steinobstsorte mit der größten Bedeutung für die Obstbrenner. Die bekanntesten Zwetschgensorten sind die Hauszwetschge und die Bühler Frühzwetschge. Für die Destillation ist die Hauszwetschge besonders gut geeignet. Zwetschgen unterscheiden sich von den Pflaumen durch ihre eher längliche Form.

Zwetschgenwasser ist ein Obstbrand aus vergorenen Zwetschgen mit einem Alkoholgehalt von etwa 40% vol. Es ist würzig und kräftig im Geschmack und hat ein leichtes Mandelaroma.

Es wird besonders in Südwestdeutschland, zum Beispiel im Schwarzwald, aber auch im Elsass, in der Schweiz und auf dem Balkan hergestellt. Dabei wird es je nach Herstellungsland unterschiedlich bezeichnet, zum Beispiel in der Schweiz als Pflümliwasser oder im Elsass als Quetsch. Aber das berühmteste Zwetschgenwasser ist wohl der jugoslawische Slibowitz oder auch Sliwowitz.

Der Slibowitz

Ein Slibowitz von guter Qualität zählt zu den besten Zwetschgenwässern. Der Name des Getränkes leitet sich von „Sljiva", dem serbischen Wort für „Pflaume" ab; für seine Herstellung werden besonders saftige und aromatische blaue Pflaumen verwendet.

Die entsteinten, gemaischten Pflaumen gären – teilweise auch zusammen mit einigen zertrümmerten Kernen – etwa drei Monate in sehr großen Fässern, bevor sie destilliert werden. Das Destillat lagert dann fünf bis acht Jahre in Eichenholzfässern, bevor es abgefüllt wird. Durch eine längere Reifung verbessert sich die Qualität des Slibowitz.

Slibowitz ist farblos bis gelblich und hat einen angenehmen aromatischen Geschmack. Sein Alkoholgehalt liegt zwischen 38 und 45% vol.

Die Bezeichnung „Slibowitz“ ist nicht gesetzlich geschützt, d.h. jeder Brenner darf sein Zwetschgenwasser so nennen. Dabei müssen allerdings in Deutschland hergestellte Produkte die Schreibweise „Slibowitz“ aufweisen. Bekannte Slibowitz-Marken sind Badel, Navip oder Jelinek.

Mirabellenwasser

Mirabellenwasser, oder kurz und einfach Mirabelle genannt, ist ein Obstbrand aus vollreifen, vergorenen Mirabellen. Es besitzt zumeist einen Alkoholgehalt von etwa 45 bis 50% vol.

Mirabellen gehören zur Familie der Pflaumen. Die fast kugelrunden gelben Früchte sind kleiner als Zwetschgen und haben ein weicheres Fruchtfleisch. Durch ihren relativ hohen Schalenanteil liefern sie viel Aroma. Die Früchte zeichnen sich nicht nur durch ihre kräftige Süße sondern auch durch eine gleichzeitig feine Säure aus.

Wie die Zwetschgen werden auch Mirabellen teilweise mit ihren Steinen gebrannt, wodurch das für Steinobstbrände so typische Mandelaroma entsteht.

Viele gute Mirabellenwasser kommen aus dem Schwarzwald, aus Österreich, aus Südtirol oder aus der Schweiz. Das besonders berühmte Mirabellenwasser „Mirabelle de Lorraine“ stammt aber aus Lothringen, dem Anbaugebiet der feinsten Mirabellen.

Marillenbrand

Marillenbrand, der auch kurz einfach Marille genannt wird, ist ein klarer Obstbrand aus Aprikosen. In der Regel liegt sein Alkoholgehalt bei etwa 40% vol. Es gibt sowohl Marillenwasser als auch Marillengeist, je nachdem, ob er aus vergorenen Früchten oder aus frischen Früchten mit Alkoholzusatz destilliert wird.

Charakteristisch für die Marillenbrände ist ein dezentes, feines, süßes Aroma, das sich intensiv fruchtig aber nicht zu aufdringlich entfaltet. Die zart duftenden Marillenbrände kommen aus dem Schwarzwald, aus Österreich, aus Südtirol oder aus Ungarn.

Besonders berühmt ist die österreichische Spezialität „Wachauer Marillenbrand“, wobei es sich um eine geschützte Marke handelt.

Der Barack Palinka

Ein ebenfalls weltweit bekannter Marillenbrand ist der Barack Palinka, der bei den Ungarn zu den Nationalgetränken zählt. Neben dem Slibowitz ist er der meistgetrunkene Obstbrand aus Osteuropa. Er wird doppelt gebrannt und lagert in Eichenfässern.

VINHO DO PORTO
600975
ROYAL OPORTO
Aged
20
Years
TAWNY
PORTO
20% vol.
REAL COMPANHIA

Portwein

Port - Perle Portugals

Im Norden Portugals, an der Mündung des Flusses Duro, liegt Porto – eine pittoreske Hafenstadt, deren Name wie keine andere Stadt mit einem Wein verbunden ist, der zu den weltweit beliebtesten Digestifs zählt: der Portwein.

Er wird 60 km landeinwärts im Duro-Tal angebaut, in trockenem, sonnigem Klima, geschützt vor dem Atlantik. Die Weinbauregion ist eng abgesteckt und durch staatliche Vorschriften geschützt. Hier ernten die Kellereien – Quintas genannt – über 80 verschiedene Trauben.

Die meisten stammen von Rebstöcken, die es nur in Portugal gibt, wie z.B. die roten Trauben Tinta Barroca, Cao oder Roriz. Aus ihnen entstehen durch ein spezielles Herstellungsverfahren die berühmten dunkelroten bis bernsteinfarbenen, manchmal aber auch weißen Weine mit einem Alkoholgehalt von 17 bis 20% vol.

Der perfekte Wein-Digestif

Der klassische rote Portwein gilt vor allem in den Ländern des ehemaligen Britischen Empires als das Nonplusultra unter den Weinen, die man nach dem Essen genießen kann. Die schwere Süße mit ihrem unvergleichlichen Aroma paart sich dabei z.B. hervorragend mit Käse.

Aber auch als Aperitif wird die rote Weinperle Portugals geschätzt – so zum Beispiel in Frankreich: Dort werden bestimmte Ports, so genannte Tawnys, auch gekühlt oder auf Eis getrunken. In anderen Ländern wiederum – wie in Portugal selbst – genießt man auch den weniger bekannten weißen Port vor dem Essen – vorzugsweise mit Tonicwater und einer Scheibe Zitrone.

Der Port und die Briten

Die Geschichte des Portweins ist eng mit den Briten verknüpft, was sich bis heute in der meist englischsprachigen Qualifizierung der Weine (wie z.B. Ruby oder Tawny) und natürlich auch in den Namen der großen Portweinhäuser – wie beispielsweise Offley, Graham oder Croft zeigt.

Anfang des 18. Jahrhunderts lagen die Engländer mit den Franzosen im Krieg, so dass die Gourmets der Insel auf franzö-

sische Weine verzichten mussten. Da kam es nur gelegen, dass mit Portugal ein Verbündeter im Spiel war, dessen Weine man gegen englische Wolle eintauschen konnte. Allerdings: Die Qualität entsprach nicht den Erwartungen und so experimentierte man mit anderen alkoholischen Zusätzen, also dem Aufspriten (siehe auch S. 234).

Wer genau das spezielle Herstellungsverfahren entwickelte, das dem Portwein seinen einzigartigen Geschmack verleiht, ist allerdings nicht bekannt.

Weinveredelung mit Weingeist

Je nach Philosophie der Quintas keltert man die Trauben ganz traditionsbewusst mit den Füßen oder aber mit moderner Tech-

nik in einer Vinifikationsanlage. Den so gewonnenen Most lässt man gären, bis er 6 bis 8% vol Alkohol entwickelt hat. Dann füllt man ihn in Fässer, die bereits zu einem Viertel mit Weingeist gefüllt sind. Das stoppt die Gärung und die Traubensüße bleibt erhalten.

Wie das Herstellungsverfahren sich weiter gestaltet, ist von der Qualität der Trauben und der beabsichtigten Art des Portweins abhängig. Grundsätzlich lagert Port drei Jahre im Fass. Dann prüft man die Qualität der noch jungen Weine und entscheidet, ob sie direkt abgefüllt und verkauft werden, weiter im Fass verbleiben oder in Flaschen abgefüllt und darin weiter reifen sollen.

Im Rahmen der Portweinherstellung unterscheidet man also zwischen dem „Ruby- oder Vintage-Style“, bei dem die Portweine ihre Reife in Flaschen erreichen, und dem Tawny-Style, bei dem der Wein

längere Zeit in Fässern verbleibt. Tawnys oxidieren stärker, so dass ihre dunkelrote Farbe mit den Jahren zu einem warmen Bernsteingelb verblasst. Beim Vintage-Style bewahren die Weine lange Zeit ihr Schwarzrot und hellen sich erst nach Jahrzehnten zu einem warmen Ziegelrot auf.

Das Produktangebot, das auf diese Weise entsteht, ist enorm groß – und erscheint dennoch auf den ersten Blick sehr überschaubar. Denn in den Super- und Getränkemärkten finden sich in der Regel nur wenige, preiswerte Portweine. Kenner hingegen unterscheiden verschiedenste Spitzen-Portweine – für die nicht selten mehrere hundert Euro verlangt werden.

Die preiswerten Portweine

- RUBY PORT: Diese sehr jungen Portweine – meist nicht älter als die Mindestlagerfrist von drei Jahren – sind dunkelrot und fruchtig-feurig.

- TAWNY PORT: Diese Portweine lagern so lange in einem Fass, bis ihre Farbe bernsteinartig erscheint. Es werden meist minderwertige Trauben aus weniger bevorzugten Lagen verarbeitet. Nicht selten mischt man weißen Port bei, um die Bernsteinfarbe zu erreichen.

- WHITE PORT: Der weiße Port nimmt unter den Portweinen eine Sonderstellung ein: Nicht nur, dass er aus anderen, weißen Trauben reift: Er wird auch gut gekühlt getrunken oder sogar auf Eis. Der Handel bietet ihn als

„dry“ oder auch „extra dry“ an, wobei man sich von diesen Begriffen nicht täuschen lassen sollte. Weißer Portwein hat immer auch eine gewisse Restsüße.

Die hochwertigen Portweine

- VINTAGE PORT: Die höchste Qualitätsstufe beim Portwein. Der feinste Wein eines sehr guten Jahrgangs lagert drei Jahre im Fass, bevor er dann meistens mindestens acht weitere Jahre in Flaschen weiter reift. Die ideale Trinkreife erreicht der dann bernsteinfarbene Wein nach 20 bis 30 Jahren.

- SINGLE QUINTA VINTAGE PORT: Während der Vintage Port üblicherweise aus Weinen von verschiedenen Lagen oder Weingütern gemischt sein kann, stammt dieser Spitzen-Portwein aus nur einem Lesegut.

- LATE BOTTLED VINTAGE PORT: Ein Wein, der nicht ganz die Qualität eines Vintage Port besitzt. Seinen Geschmack runden vier Jahre Lagerung in Fässern ab (daher der Name „late bottled“) , bevor er in Flaschen weiter reift.

- COLLHEITA PORT: Gute Weine eines einzigen Jahrgangs, die länger in Fässern gelagert und unmittelbar nach dem Abfüllen in Flaschen verkauft werden.

- TAWNY PORT: Mindestens 5 bis 10, nicht selten aber auch 20 oder 40 Jahre alte Portweine, die mit Liebe und Sorgfalt aus den Weinen von Spitzenjahrgängen zusammengestellt werden. Das angegebene Alter entspricht dabei dem Durchschnittsalter der verwendeten Weine.

Die Grossen Portweinhäuser

Bei der eng umrissenen Region und der langen Tradition des Portweins wundert es nicht, dass die Anzahl der Portweinproduzenten relativ überschaubar ist. Sie unterscheiden sich vor allem in ihren Ansprüchen. Einige von ihnen betätigen sich hauptsächlich im Massenmarkt mit preiswerten Weinen wie

Portwein

8-20° C

2-5

Borges, Delaforce oder Osborne. Andere hingegen führen das ganze Portfolio vom einfachen Ruby bis zum exquisiten Vintage.

- COCKBURNS: Eine der bekanntesten Marken mit einem breit gefächerten Angebot.

- TAYLOR'S: Das einzige noch komplett in britischer Hand befindliche Haus ist zugleich das renommierteste, mit absoluten Spitzenweinen, die auf Auktionen exorbitante Preise erzielen.

- GRAHAM: Ein weiteres Spitzenhaus mit Quintas in herrlicher Lage.

- OSBORNE: Der Brandy-Spezialist bietet auch ein ansehnliches Port-Sortiment mit vielen preiswerten Weinen an.

- ROYAL OPORTO: Das Haus mit den größten Landflächen im Duro-Tal und weltweitem, gut organisiertem Vertrieb. Viele Ports zu vergleichbar günstigem Preis.

- SANDEMAN: Traditionshaus mit weltweitem Ruf, das neben Standardprodukten viele gute Ports anbietet.

Reisbrände

Der Alkohol Asiens

Ob in Japan oder China, in Thailand oder Korea: Im gesamten asiatischen Raum schätzt man Alkohol auf Reisbasis, sei es als Reiswein oder Reisschnaps.

Reiswein oder Sake bezeichnet ein aus vergorenem Reis hergestelltes, alkoholisches Getränk. Es wird Reiswein genannt, obwohl es eigentlich eher bierartig ist. Sake enthält 15% vol oder mehr Alkohol und wird sowohl heiß als auch kalt serviert. Man reicht dieses Getränk nicht nur als Aperitif, sondern auch während eines Essens oder auch nach der Mahlzeit.

Dabei trinkt man Sake von durchschnittlicher Qualität eher warm, während man hochwertige Produkte fast ausschließlich kalt genießt. Vom Geschmack her ähnelt Sake trockenem Sherry und kann auch – z.B. beim Kochen – durch diesen ersetzt werden.

REISBRAND: VIELE NAMEN UND VARIANTEN

Das Destillat des Reisweins ist der Reisschnaps. Er eignet sich natürlich hervorragend als Digestif zum Abschluss eines asiatischen Menüs.

Reisbranntweine sind in den Ländern Asiens unter verschiedenen Namen bekannt: In Japan gibt es den Shochu, die destillierte Variante des Sake, einen Reisschnaps mit circa 35% vol Alkohol. In Korea kennt man ihn unter der Bezeichnung „Soju". „Mao Tai" ist eine bekannte chinesische Variante. Dieser Schnaps enthält 53% vol Alkohol.

In Thailand schon fast ein Nationalgetränk ist der „Mekhong", ein whiskyähnlicher Reisbrand mit etwa 35% vol Alkohol. Noch höher eingestuft wird allerdings der „Sang Som", früher als „Sang Tip" bekannt. Dieser rumähnliche Branntwein wird 5 Jahre im Holzfass gelagert und hat 40% vol Alkohol.

Arrak schließlich ist eine Spirituose, die sich auch in Europa größerer Beliebtheit erfreut. Sie wird aus Reis und Zuckerrohrmelasse oder zuckerhaltigen Pflanzensäften hergestellt. Der arabische Name Arrak bedeutet ursprünglich „süßer Saft". So wird vermutet, dass der Arrak ursprünglich in den tropischen Ländern aus Palmensäften destilliert wurde.

Die Arrak-Produktion ist im ostindischen Raum beheimatet, vor allem in Thailand, auf Java (Batavia) und Sri Lanka (Goa, Colombo). Im Geschmack erinnert das mindestens 38% vol starke Destillat an Rum.

Reisbrände

8-18° C

1-2

Rum

Vielseitige Geschmackswelten

Die Welt des Rums ist so vielseitig wie die des Weinbrands: Auch wenn man das Zuckerrohr-Destillat auf dem europäischen Festland in erster Linie als Basis schmackhafter Cocktails kennt, schätzt man ihn weltweit als feine, zuweilen auch erstklassige Spirituose, die man bewusst pur genießen kann.

Denn genauso, wie Kenner den Geschmack eines Cognacs mühelos von dem eines Armagnacs, Brandys oder Weinbrands unterscheiden können, so schätzen Rum-Liebhaber die verschiedenen Geschmacksvarianten der Rumproduzenten.

Die Antillen – die Heimat des Rums

Rum wird zwar weltweit produziert – z.B. auch in Deutschland – seine Heimat aber sind die Antillen. Hier hat man auf jeder Insel seine ganz individuellen Destillationsvarianten entwickelt.

So gilt beispielsweise der Kuba-Rum als leichter und trockener als der Jamaika-Rum. Beim Rum aus Barbados schätzt man das unaufdringliche, klare Aroma, bei dem aus Puerto Rico seine herbe Geschmacksrichtung.

JAMAICA
TRINIDAD
BARBADOS
VENEZUELA
GUYANA
8 OLD
1993
PLANTATION
RUM
BARBADOS
OLD RESERVE
1992
DISTILLED IN
PLANTATION
RUM
BOTTLED BY C. FERRAND
16130 ARS-FRANCE

Wie bei vielen anderen Destillaten – den Tresterbränden beispielsweise – ist auch der Rum eine Spirituose, die aus Rückständen entstanden ist, in diesem Fall aus der ansonsten wertlosen Melasse der Zuckerrohr-Produktion.

Geschichte mit vielen Geschichten

Wer als erstes auf die Idee kam, das zurückbleibende Zuckerwasser zu vergären und zu brennen, lässt sich heute nicht mehr sagen. So weiß man nicht, ob es als erstes die Sklaven waren, die auf den Zuckerrohrplantagen ihr Schicksal mit Rum erträglicher machten, oder ob Siedler auf den Antillen die Spirituose entdeckten.

Genauso ungeklärt ist, woher sich der Name Rum ableitet, ob vom kreolischen Begriff für Aufruhr („Rumbuillon"), dem malaischen Zuckerlikör „Brum" oder dem lateinischen Wort für Zucker („Saccharum").

Fest steht aber, dass der weltweite Siegeszug des Rums ohne die Engländer undenkbar gewesen wäre. Sie waren es, die im 18. Jahrhundert den Zuckerrohrschnaps auf ihren Kriegsschiffen als Seelentröster der Matrosen einsetzten und ihn so in der ganzen Welt verbreiteten.

Seitdem ist die Geschichte des Rums mit unzähligen Anekdoten verbunden – wie beispielsweise der von Admiral Pen, dem britischen Jamaica-Eroberer. Er ersetzte die damals bei der Navy übliche Ration von einer Gallone Bier (4,5 Liter) durch einen Pint Rum (0,568 Liter).

Wie klug diese Entscheidung war, zeigte sich kurze Zeit später: In der Westindischen Flotte faulte infolge des tropischen Klimas und lang anhaltender Flaute das Trinkwasser. Dennoch blieben die befürchteten Seuchen aus, da der reichliche Rumkonsum die Seeleute offensichtlich immunisiert hatte. Daraufhin beeilte sich die Admiralität, den Rumausschank im Jahre 1731 für die gesamte britische Marine einzuführen.

Ein Sarg voll Rum

Zu den vielen außergewöhnlichen Seemannsgeschichten rund um den Rum gehört auch die von Admiral Nelson. Den legendären Kriegsheld, der als Seefahrer natürlich dem Rum immer gerne zugesprochen hatte, überführte man nach seinem Heldentod in der siegreichen Schlacht bei Trafalgar (1805) in einem mit Rum gefüllten Sarg in seine Heimat.

Die Herstellung aus Rohrzucker

Zuerst wird der Rohrzucker hergestellt: Dazu zerquetscht man Zuckerrohr in speziell konstruierten Pressen mit gegenläufigen Walzen. Der ausgepresste Saft wird anschließend in einer Siederei mehrfach verkocht und gleichzeitig von Verunreinigungen

befreit. Zur Beheizung der Kessel verwendet man die ausgepressten und getrockneten Zuckerrohrstangen, Bagasse genannt. Schließlich entsteht ein Dicksaft, der nun abkühlt. An der Oberfläche dieser bräunlichen Melasse kristallisiert der bernsteinfarbene Rohrzucker aus. Nach einer weiteren Abkühlung trennt man die Zuckerkruste von der Melasse.

Jetzt beginnt die eigentliche Rum-Erzeugung: Nach dem Abtrennen des Zuckers verdünnt man die dickflüssige Melasse und besetzt sie mit Hefekulturen. Die Hefe gedeiht auf ihrem Nährboden prächtig und verwandelt den in der Melasse verbliebenen Zucker durch Gärung in Alkohol.

Nach diesem biochemischen Prozess wird der Alkohol in einer Destilliereinrichtung von der Melasse getrennt. Den jetzt noch farblosen Rum lagert man in wohl präparierten Holzfässern und lässt ihn reifen. Das Holz, aus dem die Fässer gefertigt sind, spielt während dieses Reifungsprozesses eine wichtige Rolle. Denn es verleiht dem Rum letztendlich seine bernsteinfarbene bis dunkelbraune Farbe und prägt zugleich sein Aroma.

Sein endgültiges Flair erlangt der Rum durch das so genannte Blending. Dabei vermischt man unterschiedliche Rum-Jahrgänge nach geheim gehaltenen Rezepturen; manche Destillerien verzichten allerdings auch darauf.

Weißer Rum ist entweder nicht in Eichenfässern gelagert oder er ist sehr jung. Manche Rumproduzenten bedienen sich aber auch Karamellzuckers, um auch braunen, billigen Rum anbieten zu können. Brauner Rum muss also nicht automatisch der bessere sein.

Rum

3-18° C

2-5

BEKANNT SIND MEIST NUR STANDARDS

Der Markt an verschiedenen Rumsorten ist schier unüberschaubar. Das liegt schon allein daran, dass fast alle Hersteller ihren Rum in verschiedenen Qualitäten und Preisstufen anbieten. Weltweit bekannt sind dabei nur wenige Marken - wie z.B. Bacardi - und dann auch nur deren Standardqualitäten. Diese gelten als gute Basis für Rum-Mixgetränke.

Kenner allerdings preisen andere, außerhalb von Rum-Fan-Kreisen weitgehend unbekannte Destillateure, wie z.B. „El Dorado“aus Guayana oder „Zapaca“ aus Guatemala. Die Preise für einen guten Rum müssen dabei noch nicht einmal allzu hoch sein - bei Spitzenerzeugnissen erreichen sie allerdings durchaus Cognac- oder Armagnac-Niveau. Und für exklusive Abfüllungen werden sogar mehrere hundert Euro verlangt.

GENUSS NACH DEM ESSEN

Liebhaber schätzen einen guten Rum zu allen Gelegenheiten - auch schon vor dem Essen. Im Allgemeinen allerdings empfiehlt sich ein guter Rum in erster Linie als Digestif. Trinken kann man ihn dabei auf vielfältige Weise, z.B. pur und zimmertemperiert. So kommen die individuellen Geschmacksnoten am besten zur Geltung. Weltweit besonders beliebt ist es allerdings, Rum auf Eis zu genießen. Bei der Glaswahl greift man dabei am besten zum Whisky-Tumbler.

Sherry

DER GROSSE APERITIF-KLASSIKER

Sherry ist einer der großen Aperitif-Klassiker und eines der wichtigsten Getränke zum Essen überhaupt. Seine Bedeutung zeigt sich schon allein daran, dass es für dieses spanische Erzeugnis eine eigene Glasform gibt, das Sherry-Glas. Sherry dürfen sich allerdings nur Weine nennen, die aus einem sehr begrenzten Anbaugebiet rund um die andalusische Stadt Jerez de la Frontera stammen.

Man tut dem Sherry ein wenig Unrecht, wenn man ihn nur als Aperitif sieht, denn auch während eines feinen Essens lässt sich der weltberühmte andalusische Wein bestens genießen. Kenner trinken Sherry darüber hinaus auch gern nach dem Essen, z.B. zu Früchten, Eis oder Käse.

EIN AUFGESPRITETER WEIN

Obwohl Sherry zu den Weinen zählt, unterscheidet er sich doch deutlich von einem „reinen" Wein: Er zählt nämlich – wie z.B. auch der Portwein – zu den „aufgespriteten" Weinen. Diesen etwas eigentümlich klingenden Begriff dürfen Engländer ruhig wörtlich nehmen: Dem spanischen Wein wird nämlich „Sprit" – Alkohol also – zugesetzt, was ihm seinen besonderen Geschmack verleiht.

In der Kelterei werden die ausschließlich weißen Trauben zunächst von ihren Stielen befreit und vergoren. Zu 95 Prozent kommen Palomino-Trauben zum Einsatz. Daneben nutzt man die süßen Pedro-Ximénez- und Moscatel-Trauben.

DIE ENTDECKUNG DES AUFSPRITENS

Woher das Aufspriten stammt, ist nicht ganz eindeutig. Nationalbewusst schreiben die Andalusier das Verfahren den Mauren zu, die während ihrer Herrschaft in Südspanien das Aufspriten entdeckt haben sollen. Wahrscheinlicher ist aber eine andere historische Variante: Während des Verschiffens von Weinen im Mittelmeerraum in der Antike waren die Weinfässer nur unzureichend verschlossen und oft tagelang großer Hitze ausgesetzt – was der Qualität der Weine deutlich zusetzte. Um sie trinkbarer zu machen, wurden sie später am Zielhafen mit anderen Weinen oder Alkoholsorten gemischt – das Aufspriten war geboren.

Nach der Gärung weist der noch junge helle Wein 12–13% vol Alkoholgehalt auf. Je nach Farbe und Geschmack wird jetzt entschieden, ob der Wein zur Herstellung des trockenen „Fino" genutzt oder als schwerer „Oloroso" ausgebaut wird. Dann spritet man den Wein durch Zugabe von Weingeist auf rund 15% vol (Fino) bzw. 18% vol (Oloroso) Alkoholgehalt auf.

Danach reift der Sherry in 600-l-Fässern aus amerikanischer Roteiche heran. Beim Fino setzt sich dabei oben im Fass eine 2 mm starke Hefeschicht ab, die den Kontakt des Weins zum Sauerstoff unterbindet. Der Oloroso hingegen reift mit dem Kontakt zur Luft – und dies führt zu geschmacklichen Unterschieden.

Durch Vermengen von Sherrys unterschiedlicher Jahrgänge entsteht schließlich ein ganzes Spektrum an unterschiedlichen Weinen. Bei dem so genannten Solera-Verfahren lagert man die Fässer übereinander – oben die jungen, unten die älteren. Jedes Jahr werden die unteren Weine der Fassreihen mit den darüber lagernden vermengt. Der fertige Sherry wird nur der untersten Fassreihe entnommen, der so genannten „Solera".

Fast alle Weine, die aus der Solera stammen, sind trocken. Sherry allerdings gibt es nicht nur als trockenen Wein, sondern auch halbtrocken und süß. Um die süßeren Geschmacksrichtungen zu erreichen, werden dem Solera – mit Ausnahme einer bestimmten Sorte – kleine Mengen süßer Wein oder Most zugegeben.

DIE VERSCHIEDENEN SHERRY-ARTEN

Um welche Geschmacksrichtungen es sich beim Sherry handelt, lässt sich an den unterschiedlichen Bezeichnungen auf den Etiketten ersehen:

- FINO: Der wohl bekannteste trockene Sherry durchläuft mindestens drei Jahre das Solera-Verfahren. Der stroh- oder goldgelbe Wein trägt oft noch die Zusatzbezeichnungen „dry", „very dry" oder „very pale dry" (Trinktemperatur: 7–8° C).

- MANZANILLA: Ebenfalls ein trockener Fino, aber mit pikantem, frischem Aroma (Trinktemperatur: 7–8° C).

- AMONTILLADO: Alter, bernsteinfarbener Fino mit intensivem Bukett, oft Geschmack von Haselnuss und Orangen (Trinktemperatur: 13–15° C).

- OLOROSO: Ebenfalls trockener Sherry mit vollmundigem Aroma, bernstein- oder mahagonifarben (Trinktemperatur: 15–16° C).

- MEDIUM: Halbtrockener Amontillado, dem etwas süßer Pedro-Ximénez-Wein zugesetzt wird. Er ist recht würzig und besitzt eine etwas rötlichere (mahagoniartige) Farbe (Trinktemperatur: 13–15° C).

- GOLDEN: Wie der Medium halbtrocken und mit Pedro-Ximénez-Wein verschnitten, aber mit aromatischem, mildem bis etwas süßlichem Geschmack (Trinktemperatur: 13 –15° C).

- CREAM: Der dunkel-rubinrote Sherry ist der bekannteste süße Vertreter. Er entsteht durch das Vermengen von trockenem Oloroso mit Pedro-Ximénez-Wein oder süßem Traubenmost. Er ist körperreich und pikant (Trinktemperatur: 13–15° C).

- PEDRO XIMÉNEZ: Im Gegensatz zu den anderen halbtrockenen und süßen Sherrys wird diesem Wein nichts beigemengt: Seinen Geschmack erreicht er ausschließlich durch die Verwendung der Pedro-Ximénez-Traube. Die Farbe des vollen, starken und ausgewogenen Weins ist sehr dunkel. Er schmeckt deutlich nach Rosinen (Trinktemperatur: 15–17° C).

Welcher Sherry wozu?

Wozu man welchen Sherry genießen möchte, ist selbstverständlich Geschmackssache. Seinen Ruf als perfekter Aperitif verdankt der Sherry allerdings den trockenen Sorten.

Die Fino-Arten lassen sich dabei nicht nur solo vor dem Essen genießen, sondern sind auch die richtigen Begleiter für kleine Vorspeisen oder Häppchen vor dem Essen. Fino und Manzilla passen zudem gut zu Meeresfrüchten, weißem Fisch und Käse. Einen Amontillado kann man zu weißem Fleisch oder dunklem Fisch anbieten.

Sherry richtig lagern

Sherry stellt grundsätzlich keine großen Anforderungen an die Lagerung. Ungeöffnete Flaschen sollten aufrecht stehen, um Kontakt mit Verschluss oder Korken zu vermeiden. Bei gleichbleibender Temperatur können sie sehr lange lagern. Ein geöffneter Fino sollte im Kühlschrank aufbewahrt und möglichst innerhalb weniger Tage getrunken werden. Andere Sorten behalten ihren Geschmack nach dem Öffnen bei kühler Lagerung zwei bis drei Monate.

Die halbtrockenen Sherry-Varianten sind ebenfalls als Aperitif zu empfehlen. Stilecht reicht man sie zu spanischen Tapas, aber auch zu luftgetrocknetem Schinken und Käse.

Süßer Sherry eignet sich hingegen besser als Digestif. Man kann ihn gut zu Kaffee und Kuchen reichen, aber auch zu Obst und Käse.

Marken mit Weltruhm

Wer nach Spanien fährt, kann sie nicht übersehen: die großen Logos der Sherry-Produzenten – allen voran den Stier von Osborne. Längst ist das Logo, das in vielen Landstrichen unübersehbar auf Anhöhen in gigantischer Größe prangt, auch zum Wahrzeichen des modernen Spaniens avanciert. Die wichtigsten Sherry-Produzenten und Marken sind:

- GONZÀLEZ BYASS: Der Name einer der größten Kellereien Spaniens ist außerhalb des Landes weitgehend unbekannt – ganz im Gegensatz zur Marke „Tio Pepe", dem meistverkauften Fino der Welt. Neben seinen Standard-Sherrys bietet das 1855 gegründete Familienunternehmen auch exklusive Raritäten an, wie den „Noé", einen Pedro Ximnéz der Spitzenklasse.

- OSBORNE: Die von dem Engländer Thomas Osborne gegründete Kellerei zählt zu den größten und bekanntesten Sherry-Produzenten. Trotz gigantischer Mengen (über 8 Millionen Liter jährlich) ist die Qualität durchaus emp-

fehlenswert. Besonders hervorzuheben sind Kleinauflagen aus alten Weinen, die allerdings auch preislich weit über dem liegen, was man für einen Standard-Sherry bezahlen muss.

- SANDEMAN: Obwohl es das Haus in erster Linie mit Portwein zu Weltruf gebracht hat, zählt Sandeman heute zu den ganz Großen der Sherry-Produktion. Aus über 50000 Fässern werden jährlich mehr als 10 Millionen Flaschen abgefüllt. Die Flaschen sind vergleichsweise preiswert – analog dazu liegt die Qualität im Mittelfeld.

- WILLIAMS & HUMBERT: „Dry Sack“ und „Chica del Sherry“ – das sind die beiden bekannten Marken, die aus dieser großen Kellerei stammen, die über sehr ertragreiche Weinberge rund um Jerez verfügt.

- MEDINA: Auch diese Kellerei zählt zu den ganz Großen. Unter holländischer Leitung erwuchs aus der in den 80er Jahren Konkurs gegangenen Bodegas Internacionales das heute florierende Unternehmen. Bekannteste Marke ist der „Don Zollo“.

- DOMECQ: Eine der ältesten Bodegas in Jerez und eine der größten dazu mit mehreren Spitzenerzeugnissen.

Sherry

7-17° C

2-5

Tequila

Das Gold Mexikos

Tequila und Mexiko – das gehört so untrennbar zusammen wie Scotch und Schottland oder Champagner und Frankreich. Das Nationalgetränk der Mexikaner ist dabei weltweit beliebt, vor allem auch deshalb, weil das Trinkritual mit dem Salz und der Zitrone so viel Spaß macht.

Dass es auch beim Tequila ganz unterschiedliche Qualitäten gibt, die eng mit den Herstellungsverfahren verbunden sind, wissen nur wenige – geschweige denn, dass man einzelne Tequilas sehr gut an ihrem unterschiedlichen Geschmack erkennen kann. Doch beim „Gold Mexikos" wie der braune Tequila gern auch genannt wird, verhält es sich nicht anders, als bei anderen großen traditionsreichen Spirituosen – die Geschmackswelt ist groß und wartet nur darauf, entdeckt zu werden.

Tequila stammt aus Tequila

Tequila stammt aus einer eng umrissenen Region in Zentralmexiko rund um die Stadt Tequila. Nur hier wachsen die blauen Agaven der Art „Tequilana Weber Azul", die die Grundstoffe für die Tequila-Gewinnung bilden.

SIERRA
ANTIGUO
Tequila Añejo

Bereits die Adeligen und Priester der Azteken berauschten sich an „Pulque“, einem Agavengebräu. Tequila ist aber erst bekannt, seitdem die Spanier die Kunst des Destillierens nach Mexiko brachten. 1600 brannte in Tequila ein gewisser Don Pedro Tagle seinen ersten Agavenschnaps.

Zur Herstellung des Tequilas benötigt man nur die Frucht der Agave. Man zerteilt sie und gart dann zwei Tage lang die Hälften in einem Ofen mit Dampf. Nach einer 24-stündigen Abkühlung bilden die gegarten Hälften das so genannte Honigwasser. Um es zu gewinnen, presst man die Agavenstücke aus. Anschließend lässt man das Fruchtwasser in großen Bottichen gären und destilliert es schließlich zweimal.

Tequila und Mezcal

Ein Tequila muss mindestens zu 51 Prozent Alkohol aus dem Destillat der Blauen Agave enthalten, 49 Prozent können von anderen Pflanzen stammen. Es werden aber auch einige Super-

Premium-Tequilas aus 100 Prozent Blauer Agave destilliert. Spirituosen, die aus einer anderen Region oder von einer der anderen 250 Agavenarten Mexikos stammen, nennt man Mezcal. In der Regel gilt der Mezcal als minderwertiger.

DIE QUALITÄTSSTUFEN

Auch beim Tequila unterscheidet man mehrere Qualitäten, die an das jeweilige Herstellungsverfahren geknüpft sind:

- BLANCO oder SILVER: Dieser Tequila wird direkt nach der Destillation abgefüllt, so dass sein Agaven-Geschmack deutlich erhalten bleibt. Seine Farbe ist klar.
- JOVEN APOCADO: Hier handelt es sich um preiswerten Tequila Blanco oder Silver, der mit Karamell versetzt wird. Das bewirkt eine Goldfärbung des Tequilas, die eine Lagerung in Eichenfässern vortäuscht.

DER BLITZ, DER IN DIE AGAVE EINSCHLUG

In Mexiko erzählt man sich folgende Legende über die Entstehung des Tequilas: Die Götter stritten darüber, ob man den Menschen ein wohlschmeckendes oder verheerend wirkendes Getränk gönnen sollte. Daraufhin schlug ein Blitz in eine Agave ein und brachte ihr Fruchtwasser zum Kochen – die Geburtsstunde des Tequilas hatte geschlagen – und beide Wünsche der Götter erfüllten sich.

- REPOSADO: Nach der Destillation füllt man den jungen Tequila in ein Eichenfass und lagert ihn darin bis zu einem Jahr. Dadurch nimmt er eine goldene Farbe an.

- ANEJO: Die höchste Qualitätsstufe beim Tequila wird erreicht, indem man ihn nach der Destillation in einem maximal 600 Liter großen Eichenfass mindestens ein Jahr lang unter regelmäßiger Kontrolle lagert. Einige Destillerien belassen ihren Anejo auch mehrere Jahre im Fass.

Pur oder als Tequila Crudo?

Beim Genuss eines Tequilas muss man zwischen den Qualitäten unterscheiden. Einen guten Tequila – einen Reposado oder einen Anejo – trinkt man selbstverständlich pur, um seinen Geschmack nicht zu verfälschen. Einen einfachen Tequila hingegen, einen Silver oder den Joven Apocado also, trinkt man aus einem Schnapsglas nach dem berühmten Ritual mit Limone und Salz als so genannten Tequila Crudo.

Für einen Tequila Crudo nimmt man ein Limonen-Achtel und befeuchtet damit durch Aufreiben die Stelle auf der linken Hand, an der Daumen und Zeigefinger zusammenlaufen. Dann streut man Salz auf diese angefeuchtete Stelle.

Jetzt greift man stilecht das Limonen-Achtel mit linkem Daumen und Zeigefinger, das Schnapsglas nimmt man in die rechte Hand. Dann wird schnell hintereinander das Salz von der Hand geleckt, der Tequila auf ex getrunken und dann kräftig in die Limone gebissen. Keinesfalls darf man dabei vergessen, die

Augen fest zusammen zu kneifen und den Kopf heftig zu schütteln.

In vielen Bars ist es zudem „in“, den Tequila statt mit Limone und Salz mit Orange und Zimt zu trinken. Als klassische Variante ist dies aber nicht zu bezeichnen. Ein Tequila bietet sich natürlich als Digestif zu einem mexikanischen Essen an. Ein Tequila Crudo ist darüber hinaus erste Wahl zu ganz einfachen, aber fetthaltigeren Gerichten - z.B. American Food (Burger, Pommes, etc.) - oder als hochprozentiger Abschluss eines Grillabends.

Vermouth

Ein grosser Aperitif-Klassiker

Es gibt nur wenige Spirituosen, die für sich beanspruchen können, ein Klassiker unter den Aperitifs zu sein. Vermouth allerdings gehört mit Sicherheit dazu – und dass nicht nur in seinen Heimatländern Italien und Frankreich, sondern rund um den Globus. Ganz gleich, ob man an einem lauen Sommerabend oder im kalten Winter an eine gedeckte Tafel bittet: Mit einem Vermouth stimmt man sich und seine Gäste stets richtig und zugleich stilvoll auf ein Essen ein.

Doch den Vermouth allein als Aperitif zu bezeichnen, greift viel zu kurz. Weltweit gilt er als ein Getränk, dass man zu allen Tageszeiten und Anlässen genießen kann: Ob zur spätnachmittäglichen Einstimmung auf einen schönen Abend, als netter Begleiter einer Kartenrunde oder als Basis für einen Mitternachts-Cocktail – kaum ein Getränk ist so vielseitig.

Von Vermouth und Wermut

Unter Vermouth versteht man dabei einen mit Kräutern und Gewürzen aromatisierten Wein, der zwischen 15 und 18% vol

FRANCESCO CINZANO
CINZANO
PRODUCE OF ITALY
1757
The Original
CINZANO
FRANCESCO CINZANO
CASA FONDATA NEL
1757
AUTENTICA SPECIALITA' ITALIANA

Alkohol aufweist. Seinen Namen verdankt er übrigens dem Wermutkraut (lat. Artemisia absinthium), das mit seinem bitteren Aroma den Geschmack entscheidend prägt und auch für die appetitanregende Wirkung sorgt.

Die Bezeichnung „Vermouth" ist in der EU allein italienischen und französischen Erzeugnissen vorbehalten, in den USA allerdings darf sie auch für einheimische Marken benutzt werden.

Die Etiketten deutscher, österreichischer oder schweizer Produkte gleichen Herstellungsverfahrens tragen normalerweise

die deutsche Bezeichnung „Wermut". Die starke Dominanz von italienischen Erzeugnissen auf dem deutschen Markt hat allerdings dazu geführt, dass sich die Bezeichnung „Vermouth" inzwischen auch in Deutschland als Standardbegriff eingebürgert hat.

Die Historie

Die anregende Wirkung von mit Wermutkraut aromatisiertem Wein kannte bereits der berühmte Arzt Hippokrates im 5. Jahrhundert.

Im späten 18. Jahrhundert wurde dann der erste Vermouth in der italienischen Region Piemont hergestellt. Es war ein süßer, mit Kräutern aromatisierter Wein, der bald für seine wohltuende Wirkung bekannt wurde. Kurze Zeit später kam dann auch in Frankreich eine Variante auf den Markt – allerdings wesentlich trockener als das italienische Original.

Deshalb wird auch heute oft noch angenommen, dass der italienische Vermouth eher für liebliche Sorten stehe, während der französische Vermouth eher trocken sei. Grundsätzlich stellen allerdings beide Länder heute sowohl liebliche als auch trockene Vermouths her.

Der trockene Vermouth wird auch als „Dry" bezeichnet. Während andere Vermouthsorten aus süßen Weinen und Zucker bestehen, werden für Vermouth Dry nur Weine ohne Restzucker verwendet, wobei auch nicht nachgezuckert wird. In einem Dry dürfen so nur vier Gramm Zucker in 100 Kubikzentimetern Wein enthalten sein.

Farblich unterscheidet man zwischen weißem Vermouth, dem „Bianco“, und der roten Variante, dem „Rosso“. Letzterer besteht nicht immer aus Rotwein, sondern manchmal auch aus Weißwein, der durch die Zugabe von karamellisiertem Zucker rötlich gefärbt wird.

WEIN UND AROMATISIERTER ALKOHOL

Vermouth besteht zu 75 % aus Wein, dem aromatisierter Alkohol beigemengt wird. Diese hochprozentige Zugabe entsteht, indem ganz unterschiedliche Kräuter- und Gewürzmischungen in Weingeist oder reinem Alkohol einlegt werden. Die Mischungen variieren je nach Hersteller. Allen Vermouths ist allerdings gemein, dass Wermutkraut einer der wichtigsten Bestandteile ist.

Nach dem Verschneiden wird filtriert und geschönt (d.h. geklärt) und dann gegebenenfalls nachgezuckert. Abschließend lagert der fertige Vermouth mehrere Wochen in Fässern, bevor er seine Abfüllreife erreicht.

Getrunken wird er am besten kalt, z.B. on the rocks. Je nach Geschmack kann man ihn auch gut mit Soda oder Saft mischen.

Cinzano

Bereits im Jahr 1568 wurde Antonio Cinzano in seiner Heiratsurkunde als Grundbesitzer und Hersteller von Heilauszügen bezeichnet. Offiziell wurde das Haus Cinzano dann 1757 von den Brüdern Carlo Stefano und Giovanni Giacomo Cinzano in Turin gegründet und gehört heute zu den Marktführern der Branche.

Cinzano gibt es in folgenden Varianten:

- Der dunkel bernsteinfarbene Cinzano Rosso ist aromatisch süß mit leicht bitterem Nachgeschmack.
- Der helle Cinzano Bianco schmeckt herb-süß.
- Cinzano Rosé ist lachsrosa und lieblich aromatisch.
- Der sehr helle Cinzano Extra Dry schmeckt angenehm frisch und trocken.

Man genießt diesen Vermouth als Aperitif pur oder auf Eis, eventuell mit einem Zitronenscheibchen oder -achtel. Cinzano eignet sich aber auch hervorragend als Basis für erfrischende und leichte Longdrinks, zum Beispiel aufgefüllt mit Soda, Ginger Ale oder Bitter Lemon.

Martini

Martini & Rossi in Pessione bei Turin blickt ebenfalls auf eine lange Tradition zurück. Das Unternehmen wurde 1863 von Alessandro Martini und Luigi Rossi zusammen mit Teofilo Sola als „Martini Sola & Cia" gegründet und 1879 in „Martini & Rossi" umbenannt. Im Jahre 1900 übernahmen die Söhne von Luigi Rosso die Leitung, heute gehört das Unternehmen zur Bacardi-Gruppe.

Die Getränke des Hauses Martini sind übrigens nicht mit dem Cocktail „Martini dry" zu verwechseln. Dieser wird zwar auch mit Vermouth zubereitet – und hier kann man natürlich Martini-Produkte verwenden – enthält aber zudem noch andere Zutaten (siehe Seite 148).

Martini bietet die folgenden Vermouth-Sorten an, die man am besten auf Eis mit einer Zitronenscheibe oder als Longdrink mit Tonicwater oder Soda genießt:

- ROSSO ist bersteinfarben mit herb-süßem Bukett.
- BIANCO ist hell mit leicht blumigem Bukett. Er schmeckt relativ süß.
- ROSÉ ist lachsfarben mit Weinduft und Kräuternote.
- D'ORO ist kräftig goldfarben mit angenehm süßlichem Geschmack.
- EXTRA DRY ist hell und hat ein blumig-herbes Bukett.

Vermouth

8-18° C

1-2

NOILLY PRAT

Noilly Prat wurde 1813 von Louis Noilly und Claudius Prat in Marseille gegründet. Schon Louis Vater Joseph Noilly hatte aus Weißweinen der Region und einer Mischung aus Kräutern und Gewürzen den ersten französischen trockenen Vermouth kreiert, der den süßen italienischen Sorten Konkurrenz machen sollte.

Das besondere an diesen Vermouths ist, dass die Weine in Eichenholzfässern unter freiem Himmel gelagert werden. Dabei sind sie den Witterungseinflüssen ausgesetzt, was Bukett und Geschmack positiv beeinflusst.

Noilly Prat ist von hellgoldener Farbe und duftet nach Wein. Er ist frisch und trocken im Geschmack. Man trinkt ihn am besten mit einer Zitronenscheibe und Eis.

PUNT E MES

1786 gründete Antonio Benedetto Carpano – der als Erfinder des Vermouths gilt – sein gleichnamiges Unternehmen. Neben dem Carpano Classico steht heute der Punt e Mes ganz oben auf der Vermouth-Beliebtheitsskala. Er hat eine dunkle Granatfarbe, und sein bittersüßer Geschmack erinnert an Orangen. Man serviert ihn pur und gut gekühlt, auf Eis mit einer Orangenscheibe sowie verdünnt mit Soda, Tonicwater oder Ginger Ale.

Weinbrand

„Der Geist des Weines“

Unter den Spirituosen Europas hat der Weinbrand die wohl älteste Geschichte: Um 1100 datierte Urkunden aus Italien belegen dies. Bereits 1321 gibt es in einem deutschsprachigen Dokument den Hinweis auf gebrannten Wein, der damals aber als Heilmittel galt und nur in Apotheken verkauft werden durfte.

Wie der Name schon vermuten lässt, wird dieser Brannt aus Wein hergestellt. Je nach Herkunft bezeichnet man ihn jedoch unterschiedlich: in Frankreich als Cognac oder Armagnac, in Italien und Spanien als Brandy, in Griechenland als Metaxa (siehe auch S. 74, 76 und 77) und in Deutschland als Weinbrand.

Deutscher Weinbrand

Diese deutsche Bezeichnung gibt es erst seit Anfang des letzten Jahrhunderts. Um 1900 wollten deutsche Unternehmer sich namentlich vom Cognac absetzen, der immer mehr aus der Mode kam. „Weinbrand“ schien der richtige Begriff zu sein, da er sowohl den Rohstoff als auch die Art der Gewinnung aufzeigte.

Einige Jahre später, am Ende des ersten Weltkriegs, untersagten die Siegermächte den unterlegenen Nationen im Versailler Vertrag, Herkunftsbezeichnungen zu verwenden, die sie selbst für ihre Erzeugnisse beanspruchten. Somit verschwand die Bezeichnung Cognac für deutsche Weinbrände vollständig und die Bezeichnung Weinbrand setzte sich durch.

Geschützte Bezeichnung

Heute ist Weinbrand eine geschützte Bezeichnung für deutschen Qualitätsbranntwein, der bestimmte Anforderungen erfüllen muss. Ein Weinbrand darf nur aus bestimmten Rebsorten hergestellt werden, muss zu 85 % in deutschen Brennereien verarbeitet sein und danach mindestens sechs Monate in Holzfässern mit einer maximalen Kapazität von 1000 l pro Fass reifen.

„Alter Weinbrand" soll mindestens 12 Monate lagern. Enthält er dann noch mindestens 38% vol Alkohol, bekommt er eine amtliche Prüfnummer.

„So stirbet der Wurm"

Alte Schriften überliefern, welche medizinische Wirkung man früher dem Weinbrand zuschrieb: „Auch wer alle morgen trinckt des gepranten weins einen halben löffel vol, der wirt nymmer kranck." Und an anderer Stelle ist zu lesen: „Auch welcher gepranten wein trinckt alle monat eines, so stirbet der wurm der da wachst dem menschen bey dem herzen oder an der lungen oder lebern."

DOPPELT GEBRANNT SCHMECKT BESSER

Weinbrand wird – wie Cognac – zweimal gebrannt. Die spätere Qualität hängt dabei wesentlich von den Weinen ab, die zur Destillation verwendet werden. Die deutschen Brennereien beziehen deshalb einen Großteil ihrer Weine aus bedeutenden Weinbaugebieten in Frankreich und Italien. Angeliefert wird dieser meist als Brennwein, also als mit Weindestillat aufgespriteter, „vinierter" Wein, mit einem Alkoholgehalt zwischen 18 und 24% vol.

Für den eigentlichen Produktionsprozess verwendet man große kupferne Brennblasen. In ihnen wird der Brennwein langsam erhitzt, bis die Bukettstoffe und Alkohole verdampfen. Anschließend verdichten Kühlvorrichtungen die flüchtigen Stoffe zu einer Flüssigkeit mit etwa 40% vol Alkohol, dem so genannten Rauhbrand. Dieser Vorgang wird dann wiederholt und so der Alkoholgehalt weiter erhöht. Beim zweiten Brennvorgang wird gleichzeitig der Mittellauf mit dem wertvollen Feinbrand vom überflüssigen Vor- und Nachlauf getrennt.

Dieser Feinbrand ist eine klare, mit den Aromastoffen des Weines angereicherte Flüssigkeit. Er wird zur Reifung in Fässern aus Steineiche gelagert, die wie beim Cognac aus den Wäldern von Limoges stammt. Durch die besonderen Eigenschaften des Holzes entstehen bei der Lagerung allmählich die geschmacksbildenden Bukett- und Aromastoffe. Zugleich erhält der Weinbrand so seine gelbgoldene Färbung.

Brennbares Wasser

Weinbrand – im Altertum „aqua ardens“, später „aqua vitae“ genannt – hatte von Anfang an den Hauch des Mystischen, das schon der Name beinhaltete: Aqua ardens („brennbares Wasser“) bedeutet, dass ein Element das andere verbrennen und damit auslöschen kann. Aqua vitae („Wasser des Lebens“) drückt die Hoffnung aus, durch den Genuss des gebrannten Weines ein langes Leben zu haben.

Da jedes Holzfass unterschiedlich ist, werden die Destillate während der Reifezeit mehrmals umgefüllt: Die Brände aus mehreren kleinen Fässern mischt man in großen Bottichen, um das Destillat wieder in die kleineren Fässer zurück zu pumpen.

Schließlich stellt der Brennmeister Destillate unterschiedlicher Herkunft und Jahrgänge zur richtigen Mischung zusammen. Dann ruht der Brannt noch einmal rund zwei Monate, bevor er abschließend filtriert und in Flaschen abgefüllt wird. Die Bezeichnung „Alter Weinbrand“ garantiert, dass das Destillat mindestens 12 Monate im Holzfass gereift ist.

Ein perfekter Digestif

Weinbrand genießt man als Digestif nach dem Essen. Er eignet sich aber auch für einen Longdrink mit Sodawasser oder als Basis für Cocktails. Den edlen Brannt genießt man bei Zimmertemperatur aus Cognacgläsern, am besten aus einem Schwenker. Ein guter Weinbrand zeichnet sich dabei durch die volle Blume und einen milden, weinigen Geschmack aus.

Bekannte deutsche Weinbrandmarken

- ASBACH URALT: Er ist der bekannteste Weinbrand deutscher Herkunft und wird seit 1892 in Rüdesheim am Rhein hergestellt. Er zeichnet sich durch einen sehr abgerundeten Geschmack und ein harmonisches Bukett aus. Für viele ist der Asbach zugleich der beste deutsche Weinbrand.

- CHANTRÉ: Die 1953 eingeführte Marke ist seit Jahren die Nummer Eins im Markt der deutschen Weinbrände. Seine Beliebtheit verdankt er seinem weichen, runden Geschmack.

- DUJARDIN IMPERIAL: Reicher alter Weinbrand aus der Weinbrennerei Dujardin & Co., gegründet 1810 in Uerdingen am Rhein.

- JACOBI 1880: Ein alter Weinbrand mit Prädikat V.S.O.P. mit mildem und harmonischem Charakter in sanftem Bernsteinton.

- MARIACRON: Dieser Weinbrand war von 1974 bis 1990 Marktführer und hält unverändert eine Spitzenposition unter den preiswerten Bränden.

- SCHARLACHBERG: Die Weinbrennerei Scharlachberg wurde bereits 1898 als „Cognacbrennerei" in Bingen am Rhein gegründet; seit 1920 gibt es die Erfolgsmarke Scharlachberg Meisterbrand, die sich in ganz Deutschland großer Beliebtheit erfreut.

JOHNNIE WALKER
Red Label
OLD SCOTCH WHISKY
DISTILLED, BLENDED AND BOTTLED IN
Johnnie Walker
D6P10D
70 cl.

Whisky

ELIJA
CRAI
47% vol. KENTUCKY STRAIGHT
BOURBON WHISKEY
12
PRODUCT OF
U.S.A.
Royal®
D1P1E
Canadian Whisky
PRODUCT OF
ONTARIO · CANADA
Whisky 40% vol.
6068
5063 K

Weltweit „Wasser des Lebens“

Es gibt wohl kaum ein Getränk auf der Welt, das so beliebt und weit verbreitet ist, wie der Whisky, jenes Urgebräu, das schon vor Tausend Jahren die Menschen in Irland und Schottland zu genießen wussten. „Uisge beatha“ – Wasser des Lebens – nannten sie es.

Warum gerade der Whisky auf eine so langanhaltende Erfolgsgeschichte zurückblicken kann, hat viele Ursachen. Kenner werden zu allererst die große Brandbreite an unterschiedlichen Geschmackswelten nennen, die von fein-weich bis herb-rauchig reichen und dabei einen unverkennbaren Eigengeschmack haben.

„American way of life“

Aber das allein kann das „Phänomen Whisky“ nicht erklären. Hinzu kommt sicherlich, dass der Whisky nicht nur schottisches und irisches Nationalgetränk ist, sondern vor allem auch das amerikanische. Whisky ist so untrennbar mit dem „American way of life“ verbunden, ja sogar ein Symbol der amerikanischen Lebenskultur schlechthin.

Einen ganz entscheidenden Beitrag für die weltweite „Vermarktung“ der Spirituose leistet

vor allem auch die amerikanische Filmindustrie: Von den großen amerikanischen Filmstars der vierziger und fünfziger Jahre – wie Humphrey Bogart – bis hin zu den großen Serienhelden wie Kojak oder J.R. Ewing: Immer wieder waren sie in Großaufnahmen zu sehen, wie sie als Helden in Bars, vor dem Dinner oder „lonely" an einem Whisky nippten.

Whisky ist dabei aber nicht nur das Getränk der „harten Männer": Weltweit hat das Destillat Liebhaber und Fans gefunden, die den Genuss

WHISKY ODER WHISKEY?

Die Frage nach der ultimativ richtigen Schreibweise ist nicht ganz leicht zu beantworten. Als Faustregel gilt Folgendes: Irische und US-amerikanische Whiskeys schreiben sich mit „e". In Schottland und anderen Ländern wird normalerweise die Schreibweise „Whisky" verwendet.

eines guten – und oft auch teuren Whiskys – regelrecht zelebrieren – ähnlich wie die Weinkenner den Genuss eines guten Tropfens zu würdigen wissen. Und ob in Australien oder Kanada, in England oder Südafrika: Überall auf der Welt diskutiert man, welcher Whisky nun der beste ist und ob man ihn besser pur oder auf Eis genießt.

Viele Sorten und Marken

Da der Whisky zu den meistgetrunkenen Spirituosen zählt, wundert es nicht, dass es eine enorm große Auswahl und Vielfalt an unterschiedlichen Angeboten gibt. Das macht allein schon ein Blick in die Regale von Supermärkten deutlich, gar nicht zu reden von den vielen Whiskyarten, die Spirituosenfachgeschäfte offerieren.

Diese Sortenvielfalt lässt sich zunächst nach Herkunftsländern und -regionen unterteilen und dann zudem nach Brennverfahren kategorisieren.

Whisky wird rund um den Globus produziert so auch z.B. in Deutschland oder Japan. Für die Einordnung von Whisky sind aber nur vier Regionen interessant, weil sich die dort üblichen Herstellungsverfahren unterscheiden und so zugleich Gattungsbegriffe bilden:

- SCHOTTISCHER WHISKY: Scotch
- IRISCHER WHISKEY: Irish
- AMERIKANISCHER WHISKEY: Bourbon, Tennessee und Rye sowie
- KANADISCHER WHISKY: Canadian

Dabei sind es nicht allein die Herstellungsverfahren, die zu Geschmacksunterschieden führen, sondern auch die Lagerung.

WHISKY ALS MEDIZIN?

Ursprünglich wurde Whisky in Klöstern für medizinische Zwecke hergestellt. Und dass er offenbar heilende Wirkung hat, gehört zu den vielen kleinen Geschichten, die sich um das Kultgetränk ranken. So kann beispielsweise einem Untersuchungsbericht des Britischen Ärzteverbandes aus den dreißiger Jahren zufolge der Genuss von vier kleinen Gläsern Whisky pro Tag dazu beitragen, Herzerkrankungen vorzubeugen. Nur zu verständlich, wenn man dies beherzigte und auf diese „Medizin" schwor – der Gesundheit zuliebe, versteht sich.

Malt, Grain & Blend

In Bezug auf die Herstellungsverfahren kann man Whisky in drei verschiedene Typen einteilen: Malt, Grain und Blend. Die Verfahren haben dabei auch entscheidenden Einfluss auf den Geschmack:

- MALT WHISKY: Dieser Whisky wird ausschließlich aus Gerstenmalz hergestellt, das mit Wasser versetzt, mit Hefe vergoren und in einer Brennblase destilliert wird. Auf den Flaschen wird dabei angegeben ob es sich um einen Single oder einen Vatted Malt handelt: Single Malt stammt aus einer einzigen Brennerei und wird nicht mit anderen Whiskys verschnitten. Vatted Malt hingegen stammt von Destillaten von mindestens zwei, oft aber auch mehreren Brennereien.

- GRAIN WHISKY: Grain Whisky wird aus (vorwiegend ungemälzten) Getreidearten wie Gerste, Roggen, Weizen oder Mais hergestellt und in einem säulenförmigen Patentbrennapparat destilliert, der ein kostengünstigeres Brennverfahren ermöglicht.

- BLENDED WHISKY: Blenden bedeutet zu vermischen. So ist der Blended Whisky eine Mischung aus Malt und Grain Whiskys. Ein Blend enthält typischerweise zwischen 15 und 40 verschiedene Malt Whiskys und zwei bis drei Grain Whiskys.

Es mag überraschen, dass der Blended Whisky die überwältigende Mehrheit im weltweiten Verkauf ausmacht (über 90 %) – und das trotz des hohen Ansehens, das Malt Whisky in der Werbung und im Bezug auf seine Qualität genießt. Doch auch den Malt-Liebhabern ist es noch nie so gut gegangen wie im Augenblick: Niemals zuvor waren so viele Single Malts erhältlich wie heute.

Bei der Qualität – und natürlich auch beim Preis – spielt es zudem eine Rolle, wie alt der Whisky ist. Viele Destillerien bieten so ihre Produkte nicht nur in der Standardqualität an, sondern beispielsweise auch als 12 Jahre alte Whiskys.

Aperitif oder Digestif?

Je nach persönlichem Geschmack eignet sich Whisky nicht nur als Begleiter eines gemütlichen Abends, sondern auch als Aperitif oder Digestif. Wann man seinen Whisky genießt, bleibt selbstverständlich Geschmackssache.

Irish Coffee

Zu den beliebtesten Hot Drinks nach einem Essen zählt der Irish Coffee: Dazu eine Tasse starken Kaffee aufsetzen. 2 Tl. braunen Zucker in eine angewärmte Tasse geben. $^1/_8$ l Whiskey (am besten natürlich irischen) in einem Gefäß erwärmen und anzünden. Brennend über den Zucker geben und mit dem heißen Kaffee auffüllen. Umrühren und etwas halbgeschlagene Sahne vorsichtig auf den Kaffee geben.

Aufgrund der großen Vielfalt verschiedener Whiskysorten mit ihren ganz unterschiedlichen individuellen Geschmacksnuancen ist es schwer, klare Regeln aufzustellen. Generell könnte man jedoch sagen, dass die weniger komplexen helleren Sorten ideal als Appetitanreger sind, während ein rauchiger oder ein im Portwein-Fass gereifter, dunkelgoldfarbener Whisky eher nach dem Essen zur Geltung kommt.

Wasser und Eis

Letztlich ist es ein Frage der Philosophie, ob man seinen Whisky on the rocks, also mit Eis, oder doch lieber pur genießt. Dennoch gibt es einige Grundregeln jenseits des persönlichen Geschmacks.

So sollte man grundsätzlich Spirituosen mit einem Alkoholgehalt von 46% vol nicht pur trinken, sondern magenfreundlich mit Wasser oder anderen Flüssigkeiten zu sich nehmen.

Hinzu kommt, dass ein Alkoholgehalt von über 50% vol die Geschmacksnerven betäubt.

Deshalb verdünnen selbst die in Bezug auf ihren Whiskykonsum als hartgesotten bekannten Schotten ihr Nationalgetränk zuweilen mit Wasser. Nicht nur, dass der Whisky so wesentlich verträglicher wird: Eine ganze Reihe von Aromastoffen kommt viel besser zur Geltung, wenn man einen Schuss guten weichen Wassers hinzugibt. Doch Vorsicht: Kohlensäurehaltiges Wasser oder Sodawasser versäuern den Whisky, Heilwasser mit Mineralien versalzt ihn!

Wer seinen Whisky lieber pur aber dennoch magenfreundlich genießen möchte, greift parallel zu einem Glas stillem Wasser.

In amerikanischen Filmen hält sich hartnäckig die Trinkweise on the rocks. In einen Malt Whisky sollte man allerdings niemals Eiswürfel geben, sondern ihn bei Zimmertemperatur genießen, denn das Eis kann die Geschmacksknospen betäuben. Außerdem verdampfen eisgekühlt weniger Aromastoffe aus dem Whisky.

Für einen Blended Whisky ist dies nicht so entscheidend. Sein robustes Ensemble aus Malt und Grain Whisky verträgt durchaus Eis und damit niedrigere Temperaturen ohne dass der Geschmack leidet.

Das richtige Whisky-Glas

Auch bei der Frage nach dem richtigen Whisky-Glas scheiden sich die Geister. Für die meisten ist der klobige Whisky-Tumbler mit seinem schweren Boden das ultimative Trinkgefäß.

Viele Kenner aber meinen, dass die gerade Form und die große Öffnung das Aroma zu schnell verfliegen lassen und bevorzugen daher ein Stielglas mit tulpenförmigem Kelch. Die Wahl des richtigen Glases hängt sicherlich von der Whiskysorte ab sowie von der Situation, in der man den Whisky trinkt.

- TUMBLER: Für den tagtäglichen Gebrauch ist vermutlich der klassische, zylindrische Tumbler aus Kristall das perfekte Glas, denn es steht fest auf seinem breiten Boden, liegt angenehm in der Hand und der Whisky lässt sich darin gut schwenken. Das Glas ist ideal für den täglichen Genuss z.B. eines Blended Whisky, aber auch für einen Whisky on the rocks.

- TULPENFÖRMIGES GLAS: Dieses Glas wird von Blendmeistern benutzt, wenn sie dem Duft eines Whiskys nachspüren. Die Glasform kann die Aromaeigenschaften

CHIVAS REGA
AGED 12 YEARS
SCOT
PREMIUM
WHISKY

am besten einfangen, kanalisieren und zur Geltung bringen. Viele Kenner bevorzugen ein bauchiges Glas, um einen neuen Malt kennen zu lernen. In den meisten internationalen Profibars wird der Whisky pur in einem kleineren Wein-, Sherry- oder Cognacglas serviert.

Scotch

Scotch Whisky ist zumindest in Europa der Urbegriff für Whisky schlechthin. Ein Brand, der den Namen „Scotch" tragen darf, muss in Schottland hergestellt, dort wenigstens drei Jahre gelagert sein und mindestens 40% vol Alkohol enthalten.

Ursprünglich war der Whisky ein Abfallprodukt des Gerstenanbaus im schottischen Hochland. Im Sommer wurde die Gerste als Grundnahrungsmittel und Viehfutter angebaut, im Winter dann aus den überschüssigen Vorräten der Wärme spendende Gerstenschnaps gebrannt.

EINE LANGE GESCHICHTE

Bis ins frühe 19. Jahrhundert wurde in Schottland Whisky in unzähligen kleinen Destillerien zumeist schwarz gebrannt, ohne dass Steuern gezahlt wurden. Erst im Jahre 1823 hat man dann die Whiskyherstellung legalisiert.

Der früheste urkundliche Nachweis des Destillierens in Schottland stammt aus dem Jahre 1494. Die erste Brennerei, die sich 1824 eine offizielle Lizenz beschaffte, war „The Glenlivet".

Exportwirtschaftliche Bedeutung erlangte der Whisky erst um 1870. Ein Reblausbefall vernichtete die Weinernte in Frankreich und brachte die Produktion von Weinbrand zum Erliegen. Gleichzeitig wurde das „Blenden" von Whisky, also das Verschneiden des hochwertigen Malts mit billigem Grain Whisky erfunden; so konnte sich der Whisky schnell als neues Modegetränk etablieren.

UREIGENER CHARAKTER

Die Grundflüssigkeit, aus der Scotch Whisky hergestellt wird, ist eine Art dünnes Bier – Maische aus Gerste und Wasser, durch Hefe vergoren. In unterschiedlichen Destillationsverfahren wird aus dieser Maische der Whisky gebrannt.

Scotch ist von allen Whiskys der komplexeste in seiner Verbindung von Süße und Trockenheit, wobei die Süße auf die gemälzte Gerste zurückzuführen ist und die Trockenheit auf den Torf, mit dem die Schotten meist ihr Malz räuchern.

Außerdem verdankt Scotch Whisky seinen Charakter zum Teil der Reifung in Sherry-, seltener in Portwein- und öfter auch in Bourbon-Fässern. Auch unbenutztes oder weingetränktes Holz wirkt sich auf den Geschmack des Whiskys aus.

BEKANNTE BLENDS UND MALTS

Blends:

- J&B: Leicht süß, bemerkenswerter Duft.
- JOHNNIE WALKER: Eindringliches Aroma.
- CHIVAS REGAL: Mild, kräftiger süßer Abgang.
- JOHNNIE WALKER Black Label: Volles Aroma.
- JOHNNIE WALKER Red Label: Nuancenreich.
- BLACK & WHITE: Weich, leicht, trocken.
- BALLANTINES: Mild und nuancenreich.

Scotch

8-18° C

2-5

Single Malts:

- THE GLENLIVET: Elegant, nuancenreich.
- GLENFIDDICH: Leichter und weicher Charakter.
- THE DALMORE: Voll, weich und aromatisch.

Irish Whiskey

Der für Irish Whiskey typische duftige Charakter, sein leicht öliger Geschmack und sein runder Körper sind auf die ganz besondere Art der Produktion zurückzuführen.

Im Allgemeinen wird in irischen Mälzereien kein Torffeuer verwendet. Das bedeutet, dass es in den meisten irischen Whiskeys keinen Rauchton gibt.

Das Fehlen jener Rauchigkeit, die ein wichtiges Erkennungsmerkmal des Scotchs ist, charakterisiert den Irish geradezu und verhindert außerdem, dass andere Geschmacksmerkmale kaschiert werden, insbesondere die duftige Note der Gerste und der abgerundete Malzgeschmack.

Ursprünglich wurde der irische Whiskey allein aus Malz destilliert. Vor etwa 150 Jahren aber sahen sich die irischen

Destillateure wegen einer hohen Malzsteuer genötigt, ihrem Destillat einen anderen Grundstoff beizumengen.

Sie entschieden sich, einen Teil ungemälzter Gerste zu verwenden, denn dieses Getreide stand ihnen steuerfrei und reichlich zur Verfügung. Den Verschnitt von Malz und „Rohgerste" brannten sie in der so genannten Pot-Still, der Brennblase. Der traditionelle Malzanteil liegt dabei zwischen 20 und 40% vol. Das Produkt dieser besonderen Destillation heißt in Irland einfach Pot-Still-Whiskey, und diese Bezeichnung wird in der Herstellung und auf Etiketten ganz betont verwendet.

Irish

8-18° C

2-5

Ein weiterer Unterschied zum Scotch besteht darin, dass der Irish Whiskey dreimal gebrannt wird. Daher verlässt er die Still mit einem höheren Alkoholgehalt.

Weil er aber, wie nahezu jede Spirituose, vor der Abfüllung auf Trinkstärke herabgesetzt wird, müssen sich Scotch und Irish letztlich nicht im Alkoholgehalt unterscheiden. Alle irischen Whiskeys kommen mit 40 bis 43% vol auf den Markt.

Bekannte Blends und Malts

- OLD BUSHMILLS: Malzige Süße und duftige Trockenheit.
- TULLAMORE DEW: Der leichteste Irish Whiskey.
- PADDY: Kräftiger Körper und herber Abgang.
- BUSHMILLS MALT: Warme Süße; sauberer Malzton.

Rye, Bourbon & Tennessee

Typisch für Whiskey aus den USA ist, dass sich der Geschmack nach der jeweiligen geografischen Herkunft unterscheidet. Kentucky und Tennessee sind die wichtigsten Staaten, in denen Whiskey produziert wird.

Die Geschmacksunterschiede werden zum großen Teil durch eine genaue Auswahl der verwendeten Getreidesorten erzielt. Von besonderer Bedeutung ist dabei das Verhältnis von Roggen, Gerste und gelegentlich auch Weizen. Bourbons nehmen dabei unter den Whiskeys eine Sonderstellung ein, werden diese doch in erster Linie aus Mais destilliert.

RYE

Rye Whiskey oder einfach nur Rye wird von vielen Kennern als intensiver und würziger beschrieben als der Bourbon. Seine Maische muss mindestens 51 % Roggen enthalten. Rye war der ursprüngliche Whiskey in ganz Nordamerika. Erst zum Ende der Prohibition wurde er von Bourbon bzw. Tennessee Whiskey an Beliebtheit übertroffen und ist heute beinahe eine Seltenheit.

BOURBON

Bourbon Whiskey ist nach dem Landkreis in Kentucky benannt, wo er zuerst hergestellt wurde. Er wird aus mindestens 51 %

Bourbon

8-18° C

2-5

Mais hergestellt. Die würzigeren Bourbons haben einen Maisanteil von etwa 70 %, die weniger charaktervollen können an 90 % herankommen. Ebenfalls typisch ist ein kräftiges Vanillearoma, das der Whiskey bei seiner Alterung in neuen, ausgekohlten Eichenfässern erhält.

Bourbons werden in verschiedenen Altersklassen angeboten. Ihr Alter beträgt in der Regel nicht unter vier aber selten mehr als zehn oder zwölf Jahre. Wenn das Alter nicht angegeben wird, hat der Whiskey mindestens vier Jahre gelagert.

Tennessee

Tennessee Whiskey entspricht im Prinzip dem Bourbon, wird aber im Gegensatz zu diesem vor der Fasslagerung über Aktivkohle gefiltert, was ihn sehr mild macht.

Hier einige bekannte amerikanische Whiskeys:

- JIM BEAM (Bourbon): Leicht bis mittelschwer, blumiger Duft, leichter Geschmack nach Wein, voller Abgang.
- JACK DANIELS (Tennessee): Intensiv trockene, aromatische Leichtigkeit.
- ELIJAH CRAIG (Bourbon): Fein und ausgewogen.
- KNOB CREEK (Bourbon): Intensives Aroma.

CANADIAN WHISKY

Aus Kanada kommt der mildeste Whisky der Welt. Sein Rohstoff ist – wie beim Bourbon – ebenfalls Mais, dem noch Roggen und eine kleine Menge Gerste zugesetzt werden. Kanadische Whiskys werden zweimal gebrannt und lagern mindestens zwei Jahre in Eichenholzfässern, die allerdings nicht ausgekohlt sind. Daher sind diese Whiskys heller und leichter als die amerikanischen Whiskeys.

Der Canadian ist meist verschnitten, und die Zusammensetzung kann äußerst komplex sein. Für einen Verschnitt verwendet man eine Vielzahl unterschiedlicher Whiskyarten verschiedenen Ursprungs und mit unterschiedlichem Alter. Außerdem kann der Whisky auch ein bis zwei Prozent fremde Geschmacksstoffe enthalten, zum Beispiel Sherry, Fruchtsaft oder Obstwein. Der Anteil an Feinbrand ist jedoch meist so gewählt, dass kanadischer Whisky im Wesentlichen rein, hell und frisch ist.

Zu den bekanntesten kanadischen Whiskymarken zählen:

- CANADIAN CLUB: Trockener Roggenfruchtton, herber, schwach rauchiger Abgang.
- CROWN ROYAL: Zart, abgerundet, eine Spur Eiche im Abgang.

Whiskylikör

Die Süsse Alternative

Whiskyliköre sind die süße Alternative für all jene, denen der Whisky an sich zu kräftig ist. Die beliebten Getränke entstehen durch eine Mischung aus Grundlikör mit Whisky und anderen Zutaten wie Honig, Kräutern oder Sahne.

Die Whiskyliköre lassen sich dabei auf vielseitige Art genießen: pur, auf Eis, mit Soda oder in Cocktails. Besonders beliebt sind sie im Zusammenspiel mit Kaffee so wie beim Irish Coffee oder zum Verfeinern eines Desserts. Aufgrund des süßen Charakters eignen sie sich in erster Linie als Digestif.

DIE BEKANNTESTEN LIKÖRE

SCHOTTISCHE WHISKYLIKÖRE: Der wohl älteste und bekannteste Whiskylikör ist der in Schottland hergestellte Drambuie, der auch für den Cocktail „Rusty Nail“ verwendet wird. Der Name leitet sich vom Gälischen „dram buidheach“ her, was soviel wie „ein Trunk, der zufrieden macht“ bedeutet. Weitere, dem Drambuie verwandte Whiskyliköre sind die schottischen Sorten Glayva und Glen Mist sowie Irish Mist aus Irland.

BAILEYS: Whiskyliköre mit Sahne sind eine neuere Erfindung. Baileys Irish Cream war 1974 der erste haltbare Likör mit echter Sahne. Frühere Versuche, ähnliche Produkte herzustellen, waren gescheitert, und erst vier Jahre nach seiner Einführung bekam Baileys Konkurrenz. Ein weiterer Whiskylikör mit Sahne ist der Columba Cream aus Schottland.

SOUTHERN COMFORT: Die älteste und vielleicht bekannteste Likörmarke der USA ist der Southern Comfort, der seit Mitte des 19. Jahrhunderts im Süden der USA produziert wird. Er ist ein trockener, alkoholstarker Likör auf Basis von Bourbon-Whiskey. Zu seiner Herstellung verwendet man unter anderem Pfirsiche, Orangen und Kräuter. Dank seines Pfirsicharomas eignet sich Southern Comfort hervorragend zum Mixen vieler verschiedener Drinks.

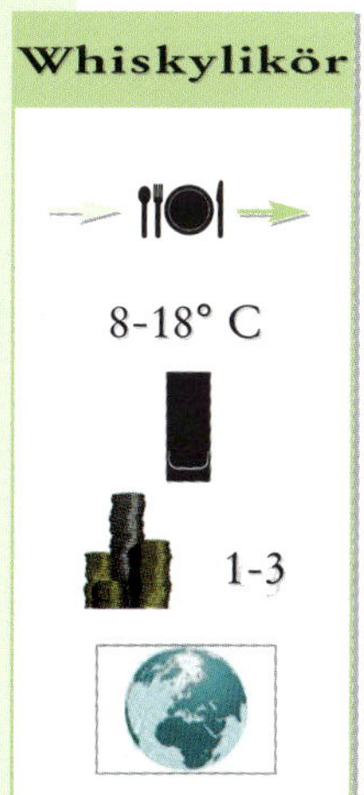

Wodka

DAS WASSER DER RUSSEN

Wodka ist der meistverkaufte Branntwein der Welt. Die bekanntesten Wodkas kommen aus Russland, Polen und Finnland. Doch ohne Zweifel wird Wodka auf der ganzen Welt in erster Linie mit Russland assoziiert. Hier gilt er als Nationalgetränk. Wodka ist die Koseform des russischen Wortes „Woda" für Wasser. Wodka heißt also „Wässerchen".

Ob nun wirklich die Russen den Wodka erfunden haben, wird wohl für immer eine Streitfrage bleiben, denn auch die Polen beanspruchen den ersten Wodka für sich. Jedenfalls entstand in beiden Ländern parallel eine Wodka-Kultur.

Anfang des 16. Jahrhunderts wurde der erste wodkaähnliche Branntwein aus Getreide hergestellt. Aufgrund der nicht sehr weit entwickelten Technik war dieser frühe Wodka nur etwa halb so stark wie der heutige. Um 1800 kam der Kartoffelwodka auf.

Heute ist Wodka ein klarer, fast geschmacksneutraler, reiner Branntwein aus Getreidemischungen oder Kartoffeln. Gute Wodkas bestehen meist nur aus Getreide, vor allem Gerste, Weizen und gelegentlich auch Roggen. Der Alkoholgehalt liegt

TABU
VODKA
45%vol.
70cl
alc. 45% vol.
TABU

Wodka

3-8° C

1-2

in der Regel bei 38–45% vol. Neben klaren gibt es auch aromatisierte Wodkas; sie enthalten Essenzen aus Sherry, Pfeffer, Büffelgras, Schlehen, Zitrusfrüchten, Kräutern oder Wurzeln.

Herstellung

Die große Kunst der Wodkabereitung liegt in der Komposition von Weichheit und Reinheit des Geschmacks. Zusätze dürfen geschmacklich kaum spürbar sein. Man darf auch nicht feststellen können, ob Sprit, Korndestillat oder eine Mischung daraus den Alkohol liefert.

Wesentlich für den außerordentlich weichen, klaren, neutralen Geschmack des Wodkas ist auch die mehrfache Destillation – auch Rektifikation genannt. Man sagt „Wodka macht keinen schweren Kopf". Das stimmt, denn bei einem qualitativ guten Wodka sind alle Stoffe außer Alkohol und Wasser herausgefiltert und destilliert – anders als bei Whisky oder Cognac, die durch die Lagerung in Holzfässern Fremdstoffe enthalten. Bei Wodka hingegen hinterlässt die Lagerung keine Einwirkungsspuren, da dieser in Glas- oder Steinbehältern ruht.

Wodka wird normalerweise aus Getreidemaische hergestellt, es können aber auch Kartoffeln verwendet werden. Der Rohstoff wird zerkleinert und mit Wasser aufgegossen. Durch das Kochen des Breis verwandelt sich die Stärke in Zucker. Dann wird Hefe hinzugegeben, und es entsteht Alkohol. Dieser wird durch das Brennen konzentriert und gleichzeitig gereinigt.

Das so entstandene Destillat enthält um die 96% vol Alkohol. Damit sich daraus typischer Wodka entwickelt, wird es so lange filtriert, bis nur noch 30 mg Aromastoffe pro Liter Alkohol darin enthalten sind. Dazu wird die Flüssigkeit durch Säulen mit Aktivkohle gepumpt, die die unerwünschten Aromastoffe an sich binden.

Zum Vergleich: Whisky oder Cognac enthalten 2600 mg Aromastoffe – ein Unterschied, den man schmecken kann.

Im letzten Arbeitsgang wird der Wodka mit Wasser auf Trinkstärke verdünnt; sie beträgt mindestens 37,5% vol, meistens aber 40% vol und vereinzelt auch mehr.

Schnaps ohne Fahne und Kater

Amerika entdeckte den Wodka in den 50er Jahren. Nachdem sich herausstellte, dass diese hochprozentige Spirituose ohne die sonst üblichen unerwünschten Begleiterscheinungen genossen werden konnte, war er vor allem bei den Damen beliebt, die sich bei Partys oder in einer Bar gerne Ginger-Ale mit Wodka servieren ließen. Dieser Cocktail wurde „des Zaren Freude“ genannt, und die Damen waren begeistert von der anregenden Wirkung des Alkohols gemischt mit Ginger-Ale.

TRINKSITTEN

Der Wodka ist in Russland Nationalgetränk und wird von Jung und Alt, Reich und Arm, an Werk- wie an Feiertagen getrunken – meist im Rahmen einer langen Mahlzeit. Dabei werden viele kleine kalte und warme Speisen auf einem Tisch verteilt, und jeder isst was und wann er möchte, während zwischendurch immer mal wieder ein „Wässerchen" getrunken wird.

Der erste Wodka wird vor dem Beginn der Mahlzeit getrunken. Er sollte eisgekühlt (aus dem Gefrierfach) sein, und man trinkt eher wenige relativ große Gläser als viele kleine. Normalerweise fassen die Gläser 0,1 l, fünfmal soviel wie ein typisches Schnapsglas. Beim Trinken wird die Luft angehalten und das Glas auf einen Zug geleert; anschließend beißt man in etwas Salziges oder Scharfes oder beginnt mit dem Essen.

In den traditionellen Herkunftsländern wird Wodka vorzugsweise pur getrunken. In westlichen Ländern verwendet man Wodka auch gern zum Mixen für Cocktails und Longdrinks.

„TRINKEN OHNE TRINKSPRUCH IST TRINKSUCHT"...

...sagt ein altes russisches Sprichwort, wobei ein guter russischer Trinkspruch – zum Wodka ein absolutes Muss – eine Kunst für sich ist. Hier zwei weitere Beispiele: „Wodka ist Gift, Gift ist Tod, Tod ist Schlaf, Schlaf ist Gesundheit. Wollen wir auf unsere Gesundheit trinken!" Oder: „Wir wünschen allen Frauen, dass sie nur von schönen und exotischen Tieren umgeben sind. Dass sie einen Jaguar in der Garage haben, einen Tiger im Bett, einen Zobel um die Schultern und einen Esel, der das alles bezahlen kann."

BEKANNTE WODKA-MARKEN

- STOLCHINAYA VODKA (RUSSLAND): Neutral, leicht bitter, mild, 40% vol; größte Wodkamarke der Welt.
- MOSKOVSKAJA OSOBAYA VODKA (RUSSLAND): Erst süß, dann feurig, 40% vol ; zweitgrößte Wodkamarke der Welt.
- SMIRNOFF BLACK (RUSSLAND): Süß und lieblich, 40% vol; die anderen Smirnoff-Wodkas kommen aus den USA.
- CHOPIN VODKA (POLEN): Aus hochwertigem Weizen hergestellt, 40% vol; eine der besten polnischen Wodkasorten.
- ZUBROWKA (POLEN): In Deutschland Grasovka genannt. Mit Steppengras aromatisiert, 40% vol; das Gras bewirkt die hellgelbe Farbe und den Waldmeister-Geschmack des Wodkas.
- GORBATSCHOW (DEUTSCHLAND): Mild und rein, 40 und 55% vol; zählt zu den Marktführern in Deutschland.
- PUSCHKIN (DEUTSCHLAND): Mild und weich, 40% vol; eine der bekanntesten deutschen Wodka-Marken.
- FINLANDIA (FINNLAND): Angenehm stark, mit reinem Bukett, scharf mit fast salzigem Biss, 40% vol; gehört zu den meistverkauften Wodka-Sorten weltweit.
- ABSOLUT (SCHWEDEN): Weich im Geschmack, mit Brot- und Malznote, ein Hauch von getrockneten Früchten, 40% vol.

Bildquellen

120, 198, 200 u., 202, 203, 205, 206, 208: Alfred Schladerer Alte Schwarzwälder Hausbrennerei GmbH, Staufen; 112, 145, 149: Allied Domecq, Großbritannien; 82, 92, 108 u., 168, 279 u., 283: Allied Domecq Spirits & Wines Deutschland GmbH Frankfurt; 210: August Kranz Schwarzwälder Edelbranntweinbrennerei, Oberkirch-Zusenhofen; 35, 39, 60, 100, 103, 140, 146, 147, 173, 175, 179, 226, 248, 251, 254, 267, 272, 280, 284, 286: Bacardi GmbH, Hamburg; 40, 42, 63, 123, 160, 163, 165-167, 181, 257: Berentzen-Gruppe AG, Haselünne; 95: Bernard-Massard, Trier; 144 o.: Bols Home & Heritage, Zoetermeer, Niederlande; 38, 68, 78, 79, 97, 115, 124 ,125, 131, 138, 148, 157, 190, 193 o., 222 u., 230, 247, 264: Borco-Marken-Import Matthiesen GmbH & Co. KG; 26: Bundesverband der Deutschen Spirituosen-Industrie und -importeure e.V., Bonn; 46, 47, 49-53, 55 u.: Bureau National Interprofessionnel de L'Armagnac, Frankreich; 94, 96: Calvados Roger Groult, Saint-Cyr du Ronceray, Frankreich; 58, 59, 62, 64 o., 65-67, 132 o., 252, 253: Campari Deutschland GmbH, Oberhaching; 180: Chartreuse Diffusion, Voiron, Frankreich; 85 o., 90, 93: Deinhard KG, Koblenz; 19, 98 r., 142, 281, 285: Diageo Deutschland GmbH, Rüdesheim; 93, 132 u., 150, 164, 256, 260: Eckes Spirituosen & Wein GmbH, Nieder-Olm; 111, 127, 137 o.l., 137 u., 192, 209 o.r., 212, 223: Eggers & Franke GmbH & Co. KG, Bremen; 184: Ettaler Klosterbetriebe GmbH, Ettal; 32, 37, 137 o.r., 265, 287: Felix Rauter GmbH & Co. KG,

Essen; 99, 109, 227: Ferrand Deutschland GmbH, Iserlohn; 18, 80: Henkell & Söhnlein Sektkellereien, Wiesbaden; 12, 16, 214-217, 218 u., 219-221, 232: Informationsbüro Sherry c/o Engel & Zimmermann AG, Gauting; 201: Kollwentz, Großhöflein, Österreich; 84, 85 u., 86, 88, 91: Markenlehrbrief „Der Sekt“, 20. Auflage; 170, 172, 187: Mast-Jägermeister AG, Wolfenbüttel; 21, 22, 41, 43-45, 48, 55 o.l., 69, 83, 87, 102, 104-107, 108 o., 110, 118, 119, 121, 122, 126, 133-136, 185, 228, 231, 243, 244 o., 245, 246, 266, 268-271, 274 o., 278, 282, 288, 289: Maxxium Deutschland GmbH, Wiesbaden; 154, 155, 156 u.: Ditta Bartolo Nardini s.p.s., Bassano del Grappa, Italien; 152: Nonino, Percoto, Italien; 13 u., 34, 36, 177, 188, 272 u., 273, 274 u., 275 o., 276, 277, 279 o.: Pernod Ricard Deutschland GmbH, Köln; 24: Riedel Tiroler Glashütte GmbH, Kufstein, Österreich; 15, 17, 23: Rosenthal AG, Selb; 129, 151, 156 o., 191, 195-197, 200 l. 209 u.l., 255: Schlumberger GmbH & Co. KG, Meckenheim; 204: Schossig, Kandern; 113, 114 u., 158, 261: Schwarze & Schlichte Markenvertrieb GmbH & Co. KG, Oelde; 72-75: Team Brandy de Jerez c/o Engel & Zimmermann AG, Gauting; 13 o., 61, 64 u., 70, 71, 77, 98 l., 114 u.r., 130, 141, 144 u., 176, 183, 259, 275 u.: Team Spirit Internationale Markengetränke GmbH, Rheinberg; 193 u.r.: Tokajier Klassik; 194: Weingut Georg Breuer, Rüdesheim; 213: Destillerie Markus Wieser, Wösendorf/Wachau, Österreich; 25, 27: Zwiesel Kristallglas AG, Zwiesel; alle anderen: Medien Kommunikation, Unna.

Für die Unterstützung danken wir: Riedel Tiroler Glashütte GmbH, Kufstein (www.riedel.com)

Register der Getränke & Marken

Bokma
Watermelon
LEPANTO
ECKES
EISKORN
CINZANO
CHANTRE